「朝1時間」ですべてが変わる モーニングルーティン

池田千恵

日本実業出版社

はじめに

朝の優先順位づけが人生を制す

——朝、いちばん大切なことから始めよう

この本は、次のような悩みを持つ方のために書きました。

①【時間が足りない悩み】

- 早起きがうまくいかない、続かない、早起きしているのになかなか成果を出せない
- 早起きしても、やりたいことが段取りどおりに進まない
- したいことがあるのに仕事が忙しく、自分のための時間がなかなか取れない
- 残業を少なくして、時間内で目標達成し、作業を終わらせたい
- 仕事の拘束時間が長く、今後の明るい未来があまり感じられない

②【キャリア、将来に対する悩み】

- ひたすら目の前の仕事を頑張ってきたが、専門性も身につかず、心から楽しいと思える仕事でもない気がして今後どうしたらいいか分からない

あれもやりたい、これもやりたいと、いままでの仕事やキャリアの延長にないことでも、多方面に手を出してしまう

年数を重ねるごとに任される仕事も増え、仕事のために生きているような状態をどうにかしたい

おはようございます！　朝イチ業務改革コンサルタントの池田千恵と申します。

現在、企業に向けては社員の働き方改革や仕事の業務改善についてコンサルティングや研修・講演で指導しているほか、個人に向けては出世・転職・副業・起業・定年後の暮らし方など、今後の方向性で迷っている状態（モヤキャリ）から抜け出すためのコミュニティ「朝キャリ」を運営し、早起きで人生を変えたい人の相談に乗ったり、キャリアの方向性を見つけたりする手助けをしています。

私は早起き生活を26年続け、「朝活」研究を11年重ねてきました。その中で**「時間が足りない」**という悩みと**「キャリア、将来が見えない」**という悩みは、朝時間、もっといえば**1日の始まりの1時間の使い方だけ**で解決できると知りました。しかし、多くの方は「早起き」が苦手で、朝1時間の準備ができません。そこで本書では①**どうすれば**

早起きができるようになるか、②早起きしてできた時間で何をすればいいかについて具体的手法を紹介いたします。

その前に、なぜ私が「早起き」のよさを伝える活動をしているかについて簡単に説明させてください。振り返るといつも、私の転機には早起きがありました。コンプレックスにまみれ、自分と向き合うことなしに周囲の環境を責め、自意識をこじらせ、「ばかにされた！」と理不尽な怒りをくすぶらせていた自分を、早起きが変えてくれました。

もともと私は夜型でしたが、大学受験を二度も失敗した19歳から早起きチャレンジを始めました。いままでのやり方の延長線上には未来がない！　と感じたからです。

ダラダラと勉強するのをやめ、朝、スッキリした頭で勉強するようにしたところ、集中力も上がり気分も爽快になり、成績が上がり、慶應義塾大学総合政策学部に合格しました。これが早起きの最初の成功体験です。

そうして入った志望校。これからすべてがうまくいくかと思いましたが違いました。ぎりぎりでの滑り込み入学だったため、一生懸命勉強しても単位を落としたり、成績がふるわなかったりとパッとしませんでした。これといった趣味もない私に比べ、周囲の人たちは頭がよくスマートで、充実した日々を過ごしており、とても輝いて見えました。なぜ私は彼らのようになれないのか……。悶々としたまま時間だけが過ぎ、クヨクヨと惰眠をむさぼる日々に戻ってしまいました。

やがて就職活動の時期を迎えましたが、そんな状況でうまくいくわけもなく、30社から落選通知をもらい、唯一拾ってくれた外食ベンチャー企業に就職しました。しかし、仕事ができずに伸び悩み、20代で窓際社員になってしまいました。

そこで大学受験の成功体験をやっと思い出し、気持ちを奮《ふる》い立たせて再度早起きチャレンジ。仕事でも徐々に評価されるようになり、外資系戦略コンサルティング会社に契約社員として転職を果たすことができました。その後も早起きを続け仕事のスキルアップに励み、契約社員から正社員に昇格。早起きで趣味の資格取得を実現。会社の許可を得て週末起業も果たしました。

これらの経験を２００９年に『「朝４時起き」で、すべてがうまく回りだす！』（マガジンハウス）として出版。その後、ムック、文庫も出版し、累計で12万部を超え、「朝活の第一人者」と呼ばれるようになりました。２０１０年には朝専用手帳『朝活手帳』をプロデュース、10年を越えて愛される手帳になっています。

書籍や手帳が広がるにつれ、多くの方が「朝活」を知り、活動してくださるようになりました。大変ありがたいことですが、一方で「朝４時起き」という言葉自体が一人歩きしている気がします。

早起きは何時に起きるのかが大切なのではありません。

必要な睡眠時間を削ってまで「朝４時起き」を実現すべきではありません。

朝の集中できる時間で、自分にとって本当に重要なことに取りかかることが大切なのであって、起きる時間にこだわる必要はないのです。

では、集中できる時間で取りかかるべき本当に重要なことは何か。それは、本書のタイトルでもある「朝１時間」の**「モーニングルーティン」**を作り、実践することです。具体的には、**前半30分で１日のタスク分けをし、後半30分で未来の理想に向けた活動をする**ことです。

この本は、『「朝４時起き」で、すべてがうまく回りだす！』を上梓してから11年以上朝活を推奨し、多くの方を指導してきて分かった、朝活において一番大切な「優先順位のつけ方」について紹介した、いわば「朝活の決定版」です。本書で紹介するタスク管理をあなたの「モーニングルーティン」にすれば、冒頭に述べた悩みは解決できます。

本書は3つのセクションとプラスαのコンテンツで構成されています。

セクション1では、早起きしたいのにできない理由と、どうすれば早起きできるようになるかを解明します。

セクション2では、1時間のうち、前半30分で1日のタスクを段取る具体的な手順を解説します。

セクション3では、1時間のうち、後半30分で未来の理想に向けた活動、つまり「種まき」を進める具体的手順を解説します。

プラスαとして巻末に、「朝1時間」を捻出するための「朝活のSTART UP」マニュアルを紹介します。早起きが成功したりしなかったりと安定しない場合は、このマニュアルを読むことで生活時間を「朝1時間」前倒しできるようになります。

モーニングルーティンとは何か？

「モーニングルーティン」とは、毎朝の決まった行動習慣のことです。一般的に「ルーティン」は慣れ親しんだパターンなので変えないものと思われがちですが、本書では自分のなりたい未来を見据えて「モーニングルーティン」を戦略的に変えていくことを提案します。「千里の道も一歩から」のことわざ通り、日々の小さな行動の積み重ねがその人を形作っていきます。いままでとは違う結果を得たいなら、毎日のちょっとした行動を理想に近づけていけばいいのです。

早起きの最大のメリットは、人生において一番重要な、自分が「こうなりたい！」と願う未来のための「種まき」の時間を作ることができる点です。

習慣が変われば人生は確実に変わります。実際私も節目節目で「こうなりたい！」と思ったとき、朝の時間で次のことをモーニングルーティン化した結果、願った通りの人生を実現できています。

受験生のときの「こうなりたい！」は、もちろん「大学合格」でした。「いままでの延長線上には未来はない！」と愕然とし、夜中までのダラダラ勉強や、人気講師の授業を取れるだけ取りまくる、といった「増やす」勉強から、メリハリをもって厳選して「絞る」勉強に変え、一点集中することを「モーニングルーティン」とし、受験をクリアすることができました。

新卒で入った外食企業では、会議に出たいのに出させてもらえなかった悔しさ、一番即戦力が必要な日に「休んでいいよ」と言われ、戦力外通告を受けたやるせなさから、「私は本当に仕事ができないんだ」と思い知りました。そうした体験をバネにした当時の私の「こうなりたい！」は「社内での出世や高評価」でした。モーニングルーティンとして仕事の振り返りをしたり、行動計画を練ったり、仕事ができる人を徹底的に観察したり、ビジネススキル向上のための本を読んだりしました。その結果、徐々に会社でも評価されるようになりました。

転職先の外資系戦略コンサルティング会社では、時給1000円台の契約社員からのスタートでした。当時の「こうなりたい！」は「正社員になること」でした。配属された部署は資料作成の専門部署で、限られた時間でコンサルタントと適切なコミュニケーションを取り、交渉しながら求められる資料を間違いなく作成する仕事でした。そこで「モーニングルーティン」としてコミュニケーションのタイミングや交渉術、段取りよく資料を作る方法をふりかえり、改善する機会を作りました。その結果、1年で正社員になることができました。

会社員生活が軌道に乗ってきた頃は「趣味の飲食を極めたい！」と思い立ち、飲食にまつわる資格勉強を「モーニングルーティン」として複数資格を取得しました。会社の許可を得て週末だけパン教室の講師を始め、仕事と趣味を両立していました。

独立時は「早起きの良さを多くの人に伝えたい！」と思い、執筆や発信を「モーニングルーティン」化しました。その結果朝専用手帳の『朝活手帳』を10年プロデュース、「朝1時間」の業務改革コンサルティング、朝活コミュニティ「朝キャリ」主宰が実現しました。

節目節目で「こうなりたい！」に適切な優先順位をつけ、モーニングルーティンとすることができれば、あなたのやりたいことはすべて実現できます。朝一番に決めたタスクをやり遂げることで、自分との約束を守り、大切なことに時間を使うことができた充実感・自己肯定感も得られます。

リモートワーク、フレックス通勤の急速な浸透で分かったことは、私たちはいままで

「出社して何時までに何をする」「決められたルールを疑わずにそのまま守る」といった「強制力」に助けられ、なんとか目標を達成できていた事実です。しかし今後出社という強制力がなくなったり、強制される仕事がなくなったりしたとき、自分の頭で考えて将来を見据え、「こうなりたい！」に合わせてしっかりと律する仕組み作りが必要になってきます。

つまり、**毎日の「モーニングルーティン」を理想の状態に整えることが、先が見えない時代に最も確実に自分を変える方法**なのです。いまこそ理想の状態に近づけるステップを「モーニングルーティン」として習慣化していきましょう。

老後の夢は「朝1時間」でいますぐ実現させる

先日キャリアについての相談を受けていたとき、まだ30代前半の方の言葉に衝撃を受けました。

「老後の夢は小さいセレクトショップを開くことなんです」

照れや謙遜もあっての言葉かもしれませんが、それでも「老後」にはまだ早すぎます。

「老後の夢」に違和感を感じたのは、次の気持ちが見え隠れしたからです。

・老後にならないと夢は叶わないというあきらめ
・いまやりたい夢なのに、いますぐ始めようとしない先送り
・老後くらい時間がたてば、きっとなんとかなっているだろうという思考停止
・いまの自分ではとうてい何も実現できないという自己否定

「もうちょっと、ちゃんとしてから始めよう」と思っているうちは、「ちゃんと」した状況は一生来ません。**いまが「ダメ」だという前提で、ちゃんとするために毎日を送るクセは、これを機会にいますぐやめませんか？**

冒頭で述べたように、私も人と比べて落ち込むタイプだったので気持ちはよく分かるのですが、多くの人がいまの自分の宝物をないがしろにしています。自分にないことばかり数え、自分にないものを得ようと貴重な時間を費やしているのはもったいないことです。

ダメな自分を悔やんでいても始まりません。

前に進むためにできることが必ずあるはずです。「朝1時間」でその一歩を進めてい

けばいいだけの話です。

ここで、私をいつも励ましてくれる言葉を紹介します。アメリカの事業家、ベン・ホロウィッツが『HARD THINGS』（日経ＢＰ）で書いている言葉です。

「自分の独特の性格を愛せ。生い立ちを愛せ。直感を愛せ。成功の鍵はそこにしかない」

結局人は、自分の「あること」を数え、「あること」で戦うしかありません。いまの自分の中で「勝てる」ところを探してみませんか？

未来は過去の延長線上にあるとは限りません。実際、私が「朝活」で実現したように、どんなに過去が絶望的に思えても大逆転は起こり得ます。いまの自分では想像できないほどの素敵な未来だって手に入れることはできます。でも、それは「老後はこうしたい、でもいまはガマンする」と思っているうちには決して得られないのです。

夢をいますぐ実現するための武器＝モーニングルーティンに必要な時間はたったの「朝1時間」。「朝1時間」のルーティンで「いますべきこと」に集中し、優先順位をつけ、決めたことをしっかりと終わらせることができれば、不安感からでなく充足感から前に進めるようになります。

「朝1時間」のタスク管理に仮に1日失敗しても、365日中のたった1日です。日々小さなチャレンジと改善を繰り返すためにも毎日優先順位をつけ、タスクを粛々と処理し、どこまでできたか、タスクの立て方は適切だったかなどを振り返る習慣を作っていきましょう。「朝1時間」で、大切なことから取りかかれるようになったとき、あなたの人生は劇的に変わり始めます。

Section 1

いままでの「早起き」がうまくいかなかった理由

Section 2

「前半30分」で1日のタスクを段取る
――パフォーマンスを高める「最強リスト」の作り方

Section 3

「後半30分」で夢への「種まき」を進める

Plusα contents

忙しくても「朝1時間」を作る「START UP」の法則

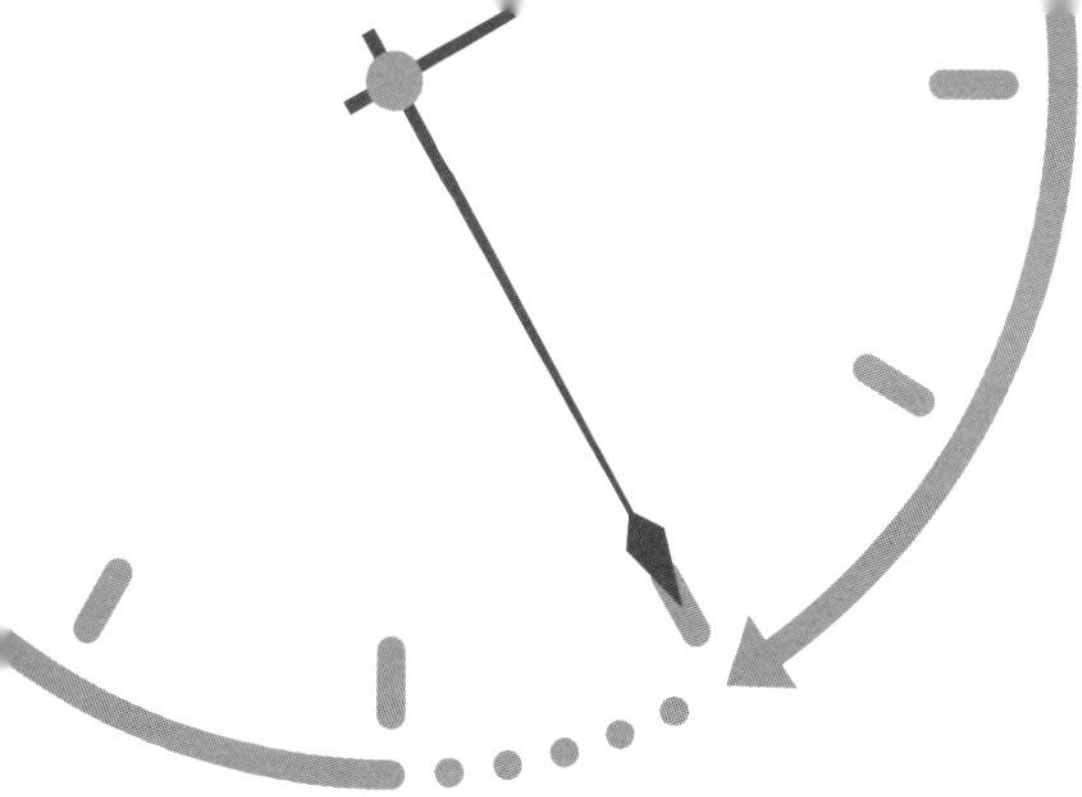

Section
1
いままでの「早起き」が うまくいかなかった理由

「優先順位づけ」が「早起き」のキモ

10年以上早起きを指導してきて、早起きがうまくいかない人、続かない人、早起きしているのになかなか成果を出せない人には共通の傾向があることに気づきました。それは「①優先順位のつけ方がわからない」「②優先順位づけがまちがっている」「③途中で目的を見失いがち」ということです。あなたも心あたりはありませんか？

①【優先順位のつけ方がわからない】

- やったほうがいいと思うタスクをたくさん詰め込んで結局やり遂げられない
- いまの自分に必要なのは睡眠や休息だ、という判断ができない
- 社会的意義がある（と思う）プロジェクトを推進し、頑張っているのに評価されない

②【優先順位づけが間違っている】

- いつも上司に「あの件どうなってる？」と催促をされてしまう。丁寧な仕事を心がけて頑張っているつもりでも、上司からは「仕事が遅い」と低評価に

●3日で3キロのような無謀なダイエットや暴飲暴食を繰り返し、結局やせられない

●結婚し、子どもが欲しい気持ちはお互いにあり、出産のタイムリミットも近づいているが、いまは仕事が踏ん張り時だから深く考えていない

●世界で活躍する人材になりたい！　と思い、英語の勉強を始めたものの、肝心の活躍する人材になる能力を磨くのを怠り、いつまでたっても世界で活躍できない

③【途中で目的を見失いがち】

●半年ごとに手本にしたいロールモデルが代わり、何年もロールモデル探しをしている

●「人生100年時代」なので会社員生活の次を見据えて行動をしたいと社会人大学院に行ったものの、学ぶばかりで結局行動できない

●副業解禁の流れで副業を始めてはみたものの、本業とのシナジー効果がなく単なる時間の切り売り労働を選んでしまい「ひとりブラック企業」状態に

ここで挙げた例にひとつでも該当していたら、あなたは「モヤキャリ」状態になっている可能性があります。

私の経験によると、「モヤキャリ」状態に陥ると生き方・キャリアの方向性がぶれるため、自分のすべきこと・したいことはなく、時系列順、思いついた順、言われた順、

期待に応える順に物事を進めようとしてしまいます。その結果、優先順位もぶれ、動くタイミングを逃したり、いまする必要がないことに時間を費やしたりしてしまいます。

そんな「モヤキャリ」状態から脱するための方法として私がおすすめするのは、朝、自分にとって一番重要なことをタスク化する「モーニングルーティン」です。なぜなら、早起きは次の3つを実現実現し、「優先順位をつける」訓練になるからです。

1. いままでの生活習慣を見直し
2. 睡眠時間をきっちり確保し
3. 朝の時間で大事なことに集中する

ムリ・ムダ・ムラを削り、集中すべきことにエネルギーを注力できれば、睡眠時間も十分確保できます。時間が足りない、いつも忙しい……という状態は、早起きを習慣化するだけでサヨナラできます。

情報が多すぎるのが問題

なぜ手段と目的がすり替わってしまったり、優先順位づけに迷ったりする人が増えているのでしょうか。私は「情報が多すぎる」ことが一因だと考えています。

IDC「A Digital Universe Dacade. Are You Ready?」というレポートによると、2000年から2020年の20年間で、人々が接する情報量は6450倍に膨れあがっているそうです。

情報過多に陥ると、人は選択肢が多すぎて迷います。

たとえばダイエットひとつとっても、いろいろな説があります。炭水化物はダメという人もいれば、炭水化物は日本の伝統的食事バランスに必要だから必ず摂るべきという人もいます。

さまざまな視点の正義があり、人数分だけのものの見方があるため、「さて、自分はどれを参考にすればいいのだろう？」と迷う人が増えているのです。

それ、いま出る必要がある電話ですか？

優先順位づけの甘さは、仕事上の電話ひとつにも現れます。

たとえば、「いま取らなくてもいい電話を無視できない」、「いますぐ返事しなくても問題はないメールに返信しないと気が済まない」といった状況です。

もちろん、そのタイミングで対応が必要な場合もあるので、全部のメールや電話を無視しろという話ではありません。しかし、時系列で仕事をすすめていれば、当然時間が足りなくなります。

何か依頼されたら「はい！　喜んで！」とつい受けてしまうクセがある人がこの状態にはまりやすいです。人に頼られるのがうれしい、相手の役に立ちたいという思いはすばらしいですが、人からの依頼に一生懸命になって自分の本来したいこと、すべきことをする時間がどんどん減ってはいませんか？

時間は命と同じように大切なものです。相手のために時間を使って、あまった時間を自分に充てる、という生き方をするのは、自分の寿命を縮めているのと同じといっても過言ではありません。

他人に自分の人生の主導権を握られて右往左往する生活からサヨナラし、自らの意思で人生を選択するための訓練をするためにも早起きは最適な方法です。

早起きが苦手でも「始業前1時間」は変えられる

・ロングスリーパーなので、どうしても8時間は寝ないと頭が働かない。22時に就寝しても起きるのは6時

・早起きはしていても、子どもを送り出す準備であっという間に時間が過ぎてしまい、自分の時間は取れない

・夜勤がある仕事で起床時間が安定しない

このような悩みをお持ちの方でも大丈夫です。**「何時に起きるか」「起きる時間の早さ」は大した問題ではなく、「始業前」に「1時間」集中できる時間を作ることができればOK**だからです。夜勤で16時から仕事がスタートなら、15時〜16時の間の、仕事が本格的に始まる前に本書で紹介する方法をやってみても問題ありません。

実際私も現在、4歳になる息子を育てながらこの方法を実践しています。息子は生まれながらにして早起きで、朝4〜5時、遅くても6時には起きてくるので朝の時間はい

まのところ、ほぼ子育てに費やすことになります。その場合は保育園に預けた後、朝8～9時の間を「モーニングルーティン」に充てています。これで十分機能します。

通勤に1時間かかり、朝の自由時間はそこしかない、という場合は、通勤時間を活用してもOKです。満員電車の中でもメールやメモアプリで、車通勤なら音声入力で、本書で紹介するタスク分けをすれば問題ありません。

時間は貯金にも似ています。「余ったら貯めよう」と考えてお金を貯めるのは、よほどの意志の強さがない限り難しいもの。「時間ができたらやろう」では結局忙しさに流されてしまいます。

貯蓄が増えれば心理的に安心感が得られるように、「朝1時間」の貯金ができると心にも余裕が生まれます。先が見えない不安にまみれ、なかなかチャレンジできないことにも取り組もうと思えるようになります。

慌ただしく過ぎる毎日のなか、ひとり静かに自分と向き合う時間を確保してみましょう。それだけで、焦るのに何もできなくて空回りする自分から少しずつ解放されます。

「朝1時間」のモーニングルーティンで優先順位を明確にする

「優先順位をつけよう」とはよく聞く言葉ですが、これほど曖昧な言葉はありません。なぜなら、「優先順位」は、状況により日々刻々と変わってくるからです。

「差し迫ったことをこなす」ことが優先度大になる場合もあれば、「いますぐでないけれど、いまのうちにやっておかないとあとで大変なことになる」ことが優先度大になる場合もあります。

慌ただしい毎日を送り続けていると、差し迫ったことの処理が最も大切なことだと勘違いしてしまいます。しかし、実は**時間を有効に活用できるかどうかは、「優先度大」事項（＝緊急でないけれど、いまのうちにやっておかないとあとで大変なことになること）をすぐに片づけられる状態まで準備できるか**にかかっています。

「直感」は大切だという話はよく聞きますが、これは重要なものだ！　いまやるべきだ！

と優先順位をつけるとき、「直感」ほど当てにならないものはありません。

なぜなら、いままで慣れ親しんだ判断をついつい優先してしまうからです。たとえば、「はじめに」で述べた「はい！　喜んで！」タイプの人は相手に依頼されたら自分の予定をつぶして努力してしまいますし、〆切に追われないと動かないタイプの人はカレンダーに書かれている〆切を優先してしまうでしょう。

でも、ここでいったん考えてみてください。

あなたがいま、早起きして成し遂げたいことは、いままでの延長線上にあるものでしょうか？　いまの自分からバージョンアップしたいから早起きして時間を作りたいわけですよね？　あなたの「なんとなく」の直感は本当にあなたをいい方向に連れていってくれますか？　**違う道を行きたいのなら、違う流れを作らなければいけません。**

そのための方法が、重要度と緊急度によって1日のタスクを仕分ける「モーニングルーティン」なのです。

「朝1時間」で集中力と達成力を手に入れる

なぜ「朝1時間」なのかもう少し詳しく説明しましょう。

1. 普段の生活習慣を少し変えるだけなので取りかかりやすい
2. 行動までのタイムラグが少ない
3. 脳が飽きていないので作業を早く進めることができる
4. 終了時間が決まっているのでダラダラしない
5. 小さな達成感を感じることができ、メリハリある生活ができる
6. 邪魔が入らないので一気に集中できる

順番に解説します。

1. 普段の生活習慣を少し変えるだけなので取りかかりやすい

朝4時起きはハードルが高い！　と感じる人でも、朝1時間なら普段の習慣を少し変えればできるはずです。もちろん、朝1時間早く起きるようになるための工夫も巻末のプラスαコンテンツでしっかりお知らせします。

2. 行動までのタイムラグが少ない

夜、本を読んで、「へぇーなるほど。試してみよう」と思っても、一晩寝ると忘れてしまうことはありませんか？　電車の移動中などのコマギレ時間でネット記事を読み、いいな、と思ったアイデアも移動先につくと忘れてしまったりしませんか？

朝のうちにタスク分けをして、始業後すぐにスタートダッシュする準備を整えておけば、「うっかり忘れていた」がなくなります。限られた時間で集中し意識が分散しない上、試してみようと思ったことを、すぐに実践できるようになります。「鉄は熱いうちに打て」

とはよく言ったもの。得た知識にブランクを入れず、実行することで、さまざまなスキルアップが可能になります。

3．脳が飽きていないので作業を早く進めることができる

朝タスク管理をしたほうが、脳が「飽きていない」ため早く作業が終わります。睡眠関連の著書を多数書かれている早稲田大学准教授で精神科医の西多昌規《にしだまさき》先生と対談したとき、次のような話を伺いました。人は睡眠によって記憶や感情、経験をいったん整理整頓するそうです。つまり、余計な経験が一切なく、脳が一番「飽きていない」状態が朝です。起きてから時間がたつにつれて、脳に書き込みが多くなってきます。注意力には一定の限界があるので、夜になるにつれ鈍りが生じてきます。これが、いわゆる「飽きてくる」状態です。その状態でいろいろ考えすぎると、答えがないことをぐるぐる考えてしまったり、心配が増幅したり、感情が暴走しがちになります。

朝なら、物事を感情のフィルターだけでなく、事実のフィルターで冷静に振り返ることができ、今後の行動計画まで落とし込むことが可能になります。

4. 終了時間が決まっているのでダラダラしない

朝の一時間でサクッと集中してやることで、優先順位づけにダラダラ迷うことがなくなります。反対に、夜だと「時間はたくさんある」という錯覚に陥ってしまって、なかなか終わらないケースが多いのです。「朝1時間だけ」と時間を決めることで、限られた時間を有意義に使って段取りしようという気持ちが生まれます。

5. 小さな達成感を感じることができ、メリハリある生活ができる

頭では大事だと分かっていてもなかなか手をつけられないのが、「急ぎ」ではないけど優先順位が高い「種まき」です。

昼夜問わず、出張も多い働き方から、結婚を機に泊まりの出張はなるべく避ける働き方にシフトしたいと思ったとします。会社に部署異動を含めた交渉の準備をし、どうしたら上司に納得してもらえるのかを考えることは、あなたの人生における「種まき」で

す。しかし忙しさに流され、会社の期待に応え続け、会社に交渉するのも怖いし面倒くさいし、これまでのキャリアがもったいないと現状を維持し、本当に進みたい「種まき」を怠る人も多いです。頑張り続けた結果、体がボロボロになってしまっても、そのツケを会社はとってくれません。最後に苦しむ前に、優先順位が高いことを朝イチで進めておきましょう。

このように、朝の時間で「種まき」について考え、一歩でも行動に移すことで「大事なことに最初に取りかかれた」という達成感を得ることができます。

部署異動の具体的な「種まき」としては、たとえば次のようなことが考えられます。

・部署異動が可能な条件は何かを調べておく
・上司やその上の上司に根回しをし始める
・自分のやっている仕事を引き継げる状態にまとめておく
・異動が単なるわがままに見えないように次の半期で結果を出す準備をする
・異動に有利になるような資格があれば取得の勉強をしておく
・ただ「異動したい」ではなく代案を考えて提案できるよう準備する

このように、「本当はそうしたいけど忙しさに流されたり、周囲に遠慮したりしてできていないこと」を具体的にピックアップし、少しずつ進めていきましょう。

6. 邪魔が入らないので一気に集中できる

イタリアのコンサルタント、フランチェスコ・シリロ氏が提唱する「ポモドーロ・テクニック」という言葉を聞いたことはありますか？　25分集中し、5分休憩することで生産性が高まるというものです。

ポイントは「限られた時間で」「邪魔を入れずに集中する」ということ。朝の時間なら上記の2つのポイントを簡単に実現することができます。

ポモドーロ・テクニックでは25分＋5分を「1ポモドーロ」とし、4ポモドーロのあとに20〜30分ほどの長い休憩を取りますが、忙しい朝に約2時間を費やすのは難しくても、「朝1時間」に30分×2つと考えれば気がラクになりませんか？

25分＋5分休憩を2セットのイメージで集中し、1日に仕事ですべきこと、将来の種まきをしっかりリスト化していき、始業後はタスクを粛々と進めるだけの状態にしておきます。そのことにより仕事の生産性もあがり、自分が本当にしたいことに充てる時間が生まれます。

「朝1時間」で未来の自分に種をまく

本書で紹介するモーニングルーティンは30分で1日の仕事を段取り、30分で緊急でないけれど重要な「種まき」案件を見極め、進めていきます。

種まきはあなたの人生にとって大切なことなので、もう少し説明させてください。

多くの人が大切だと頭では分かっているのに、つい「種まき」をおろそかにしてしまいます。大事だけれど、どこから手をつけていいのかわからないし、考えるのが面倒なものだからです。

キャリアアップや自分磨きのための勉強など、やりたい「種まき」はたくさんあり、仕事をしている間は「今度はこれをやろう！」とやる気も高いのに、いざ休日や自分時間が取れるとやる気がなくなってダラダラしてしまうのは、「種まき」を具体的なタスクとして、すぐできる状態にしておかないからです。

「まだ先だから」「まずは緊急のものを片づけてから」と後まわしにすると、いずれ「種まき」に復讐されます。目の前の日時が決まっている仕事は永遠にあなたを追いかけてきます。「終わったらやろう」と思い続けていてもいつまでも取りかかれません。「だからこそ、**緊急ではないけれど人生において重要な「種まき」部分をすぐとりかかれる状態にもっていく「タスク化」の技術を身につけることが大切**です。

仕事の例を挙げましたが、健康管理も「種まき」です。野菜を食べるのは健康管理上重要だ」「定期的な有酸素運動は体にいい」と分かっているけれど毎日大好きな揚げ物ばかりを食べ、運動もサボっていたとすれば、健康は徐々に害されます。人間ドックで異常が見つかって慌てたり後悔したりする人は多いはずです。

家族との時間を大切にし、子どもが小さいなら朝絵本を読んであげたり、朝一緒に勉強したり、散歩したりする時間を意識して作るのも「種まき」です。副業解禁に備えていまの仕事が「つぶしが効く」ものかどうかを試すためにいままでの経験を棚卸しするのも「種まき」ですし、資産を増やすために株式や不動産の勉強をするのも「種まき」です。仕事もプライベートも含めた全部の「種まき」を、まるごと朝1時間でタスク化してしまいましょう。

日中は、あっという間に時間が過ぎてしまいます。ひとつひとつのタスクの優先度を見極め、朝のうちに仕分けできれば、自分が人生において何を一番大切だと思っているか、そのために何をすべきか（＝種まき）が明らかになります。

自分にとっての種まきが何かを見極めるためには、「とりあえず」「念のため」と何となくやり過ごしていることを、「本当に必要かな？」の視点で優先順位をつけて見つめ直してみましょう。そうすると、惰性でしていた仕事のどれをカットして生産性を上げるかについても見えるようになってきます。

ロールモデルは立場でなく志向で探す

優先順位をつけるために、ネットで話題になっている人や有名人の生き方を参考にするという人も多いでしょう。

その際に大切なのは「20代会社員」「企画職」「ワーママ」「子どもが小学生」といっ

たように、その人の現在置かれている立場・環境だけを切り取って参考にするのではなく、**その人がどういう志向で仕事やプライベートを捉えているか**を見ることです。

たとえば一日中仕事のことを考えるのが苦ではなく、仕事もプライベートもごちゃまぜになっている状態が心地良い、家が片づいていなくてもあまり気にならない、子どもは元気にごはんを食べてたくさん寝ることができさえすればそれでOK！　と考えているワーママの優先順位と、家のことを整えるのが大好きで住環境やインテリア、子どもの食事内容が最大の関心事のワーママでは優先順位は全く違うものになります。それなのに「ワーママ」という立場だけ見て参考にしようと思っても絶対に参考になりません。このように人によって優先順位が違うという前提を取っ払い、ロールモデルを探して合わせていこうとするので、本当の優先順位を見つけることができないのです。

いまの私たちに必要なのは、同じ環境・境遇の人がどうしているかを探すことではありません。**自分がどういう人生を送りたいか？　どんな状態に幸せを感じるか、つまり、自分の「志向」を最初に明確化し、同じ「志向」の人がどのように優先順位を決めているかを知り、その優先順位を実践する**ことです。

ライフステージの変化でも優先順位は変わる

優先順位は、考え方のクセで間違える傾向があるほか、家庭環境やライフステージによってもその都度変わります。

先ほどのワーママの例でいうと、仕事大好き&生きがいのワーママにとっては、会社でいま担当している事業の成功が「種まき」かもしれません。でも、家庭環境を整えるのが大好き&生きがいのワーママにとっては家で気に入ったインテリアに囲まれるための準備が「種まき」かもしれません。

上場企業の社長がビジネス論を語り、それが記事になることも多いですが、同じ「社長」でも、ずっと会社員をしてきて昇進の上で社長になった人の「種まき」と、ベンチャー企業創業者社長の「種まき」は違いますし、得たい目標のためなら一時的にお金が減っても思いきって投資したいのか、それとも自分の貯金を取り崩してまでお金を投資するなんてとんでもない、と思うかによっても「種まき」は違います。

年齢を経て志向が変わる場合もあります。20代で仕事を覚えたてのころは仕事優先で過ごしていたとしても、30代で結婚し、子どもを保育園に預けながら時短勤務するようになったら仕事だけを優先するわけにはいきませんし、パートナーが家事育児に協力的かそうでないかでも、優先順位は変わります。

「ワーママ」「事務職」「企画職」などのタグだけで理想を決めると優先順位を間違う

ワーママ	できることなら時間はすべて仕事に費やしガッツリ稼ぎたいワーママ
	少しの労力でコスパ重視。ムダなことはしたくないワーママ
	9時5時は働くけど他は趣味に捧げたいワーママ
フリーランス	1人で何役もこなすバリキャリフリーランス
	専門知識で短時間にガッツリ稼ぐフリーランス
	週2日働いて20万で幸せに生きるフリーランス
起業家	IPOで一攫千金、40代でアーリーリタイア
	ひとり企業家で世界を飛び回る
	疲弊した組織をぶった切るプロ経営者

いろいろあるけれど、どれを目指すの?

優先順位は「時間」×「リスク許容度」＋「人間関係」で分類できる

では、どうすれば自分の「志向」を知り、人生の優先順位をつけることができるのでしょうか。

解決策は、**時間×リスク許容度＋人間関係の軸で、ライフステージごとにいまのあなたの優先順位を決め、「種まき」の内容を変化させること**です。

次に示すチャートは時間×リスク許容度＋人間関係を一覧にしたものです。横軸が時間（オン・オフの境目をきっちりしたいか、そうでないか）、縦軸がリスク許容度（多少のリスクがあってもいいか、安全安心がいいか）です。背景の3つの型（個人主義型・チームプレイ型・臨機応変型）は、仕事における人間関係のスタンスを示しています。

このチャートを使い、いままで曖昧なままにしていた自分の「志向」について一度はっきりさせることで、様々な立場の人の主張に右往左往し、優先順位を間違えることがなくなります。

　行き先を決めないまま荒波を航海する人も、富士山へのルートを調べずに登る人もいません。いまどこにいるのか、現状からどの志向に今後向かっていきたいのかを、チャートを使って考えてみましょう。忙しすぎて自分がどこに向かっているかわからなくなったときも、チャートを見ることで、自分の現在地と向かうべき方向がわかるようになります。

　その上で、1年、1週間、1日の優先順位を可視化していき

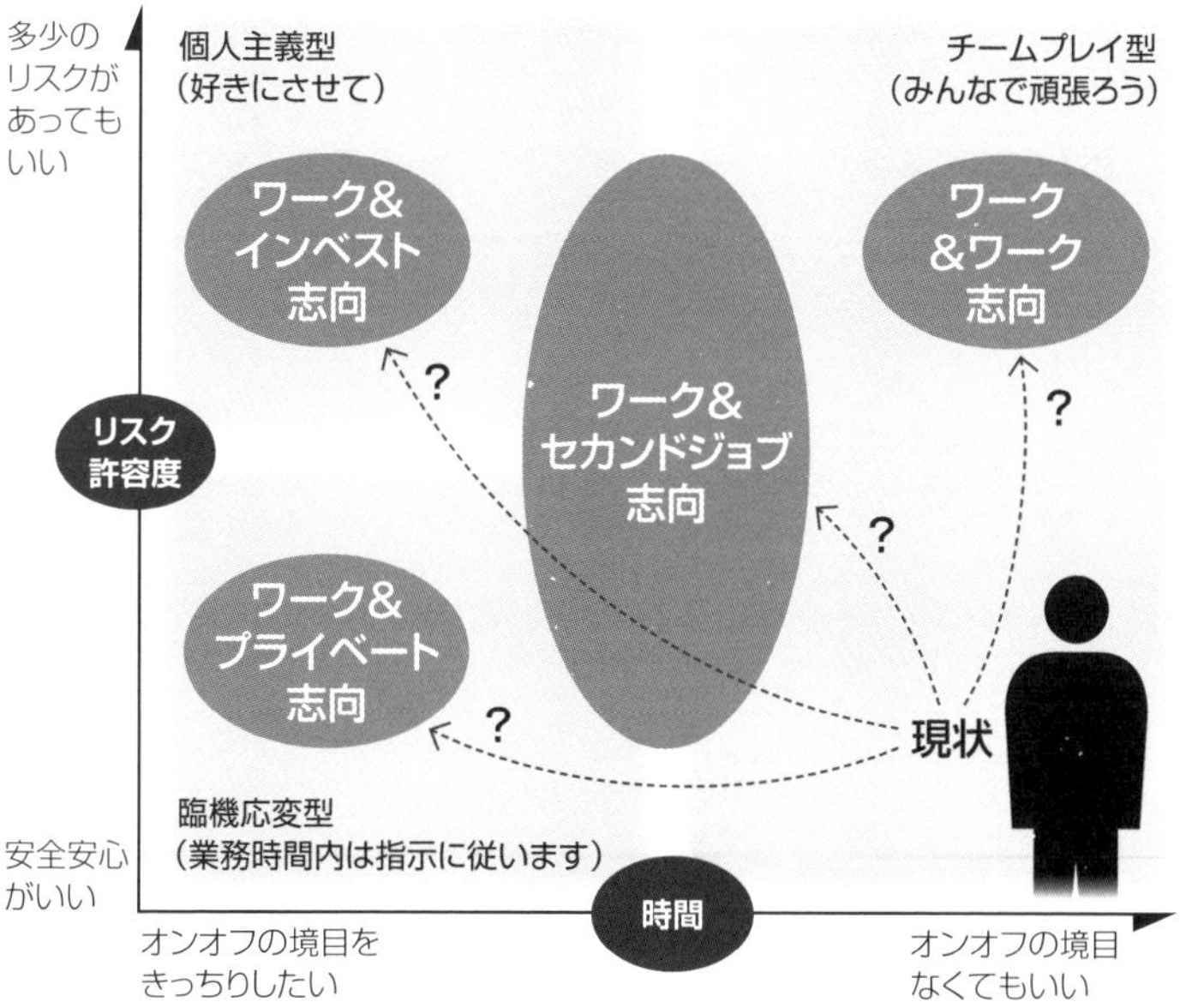

ます。

「時間」×「お金」＋「人間関係」で朝すべきタスクは変わる

それぞれの「志向」の大まかな特徴は次のようなものです

ワーク&ワーク志向

□自分の時間のすべてを仕事に充ててもいいくらい、いつも仕事のことを考えている
□とにかく仕事が好きで、はまると夢中になり時間を忘れる
□会社で結果を出してお金を稼ぎたい
□仲間と一緒に何かを成し遂げたい
□会社の目標と自分の目標を同じように考えることができる
□仕事で結果を出すための勉強の時間は惜しまない

ワーク&プライベート志向

□業務時間中は頑張るが、業務時間外は仕事に充てたくない
□業務時間内であれば、言われたことを言われた通りにすることに抵抗はない
□自分の趣味や好きなことに時間を使いたい
□家族の生活を犠牲にするような働き方はしたくない
□自分の貯金は減らしたくない
□どちらかというと、お金より自分の自由の時間がほしい

ワーク&セカンドジョブ志向
□業務時間を過ぎたあと、ほかの仕事をすることに抵抗はない
□仕事で成長するためには異分野の経験が必要だ
□いまの仕事でのスキルがほかで通用するか試してみたい
□いまの会社で「井の中の蛙」になることに危機感を感じている
□多面的に物事を知りたい
□異業種・異分野の人と交流するのが楽しい

ワーク&インベスト志向

□自分の時間のすべてを仕事に充てることはしたくない
□時間や場所やお金にしばられたくない
□大きな目標のためならお金を一時的に失ってもいい
□自分の好きなようにやりたい
□気に入った仲間としか仕事はしたくない
□最小の努力で最大の効果を得たい

繰り返しになりますが、「志向」は、結婚・出産・子育て・親の介護など、ライフステージや立場によって変わります。ひとつの「志向」に軸足を置き、もう一つの足をほかの「志向」に置くことも可能です。

たとえばいまは小さい子どもを育てながら仕事をしたいので「ワーク&プライベート志向」だけど、いずれは「ワーク&セカンドジョブ志向」で行きたい、と、将来を見越してタスクを分配することも可能です。朝の1時間のうち30分は「ワーク&プライベート志向」で仕事を効率的に進める準備をし、残り30分で「ワーク&インベスト志向」で

ライフステージによって変わり、比率も違う（池田の場合）

学生時代	**ワーク＆ワーク志向** 夢はキャリアウーマン
1社目	最初は**ワーク＆ワーク志向**で仕事を任せられるようになるまで必死 その後長時間労働に疲れて**ワーク＆プライベート志向**に
2社目	正社員になりたい！→**ワーク＆ワーク志向** **ワーク＆プライベート志向**→趣味の資格取得 会社の仕事が落ちつく→**ワーク＆セカンドジョブ志向**で料理教室開催
独立 フリーランス	**ワーク＆ワーク志向**で生きるのに必死
出産 法人化	自分が倒れると止まるビジネスをやめたい→**ワーク＆ワーク志向**をベースとしながら**ワーク＆プライベート志向**にシフト

不動産投資や株などの不労所得を得ている人を調べてみる、という時間の使い方もあります。

いったん決めたらそれで終わりというものではありませんし、一度決めたらずっとその「志向」で行かないといけない！　というわけではありません。

その都度、いまの自分の優先順位について立ち返ってみましょう。

たとえば、私の場合は上の図のように変遷しています。今後もライフステージに応じて柔軟に変えていくつもりです。

「志向」が分かれば「いま頑張ること」の見極めができる

なぜ最初に「志向」を知ることが大切か。それは、「いま頑張らなければいけないこと」「放っておいていいこと」が明確になるからです。

メリハリがつけられるようになれば部外者の言葉に右往左往せず、すべきことに集中できるようになります。

目的が分かっていれば、「やっておいたほうがいい」「念のため」「とりあえず」という案件に忙殺され、無駄な時間を過ごすこともなくなります。

まずは自分の志向を知り、その上で1日のタスクを仕分けしていきましょう。

タスクリストに「ひと手間」で優先順位を「見える化」する

普段から仕事や家事など、日々すべきことをタスクリスト化している方も多いことでしょう。そのやり方を180度変える必要はありません。基本的な方法は大きく変えず、次の3つのポイントを意識するだけで大丈夫です。

1. 朝の1時間で集中し、一気に作りあげる
2. 緊急度×重要度によりタスクを4色に色分けする
3. 「種まき」の「粒」を細かくし、すぐに実行可能な状態にしておく

タスクは次のマトリクスに振り分け、4色ボールペンで色分けすることを推奨しています。

1 緊急でない×重要：種まきの**赤**

	緊急	緊急でない
重要	刈り取り 緑 2	種まき 赤 1
重要でない	間引き 青 3	塩漬け 黒 4

2 緊急×重要：刈り取りの緑
3 緊急×重要でない：間引きの青
4 緊急でない×重要でない：塩漬けの**黒**

数字は人生においての優先順位が高い順番です。

1 緊急でない×重要は、おろそかにしがちなのですが将来へ大きく影響してしまう最も重要なものです。日々の取り組みが大切で将来花が咲き、実をつけるイメージなので「種まき」と名づけています。重要度を示す赤で色をつけます。

す。大事だと思いつつもなかなか取りかかることができない「種まき」部分が重要な理由は次の3つです。

1. 切羽詰まっていないから危機感がない
2. やることが多岐にわたるため、どこからどう手をつけていいのか分からない
3. 進捗が見えにくくモチベーションが続かない

そこで、「朝1時間」で「種まき」部分を丁寧に分解し、すぐに取りかかることができる状態にしておきます。

2 緊急×重要は、目の前の生活や仕事に直結するものという意味で「刈り取り」と名づけています。刈り取りをイメージさせる緑で色をつけましょう。

3 緊急×重要でないは、やらなくても大きな影響はないけれど、目の前の状況のせいですぐに取りかからなければいけない気持ちになるものです。たとえば前述した電話やメールなど、空いた時間でまとめてこなせばいいものです。これは「間引き」と名づけ

ています。青で色をつけます。

4緊急でない×重要でないは、そもそもやっている意味がないまま思考停止で続けているものなので**「塩漬け」**と名づけ、黒で色をつけます。

色分けによる仕分け作業は、毎日、自分の人生において本当に重要なものは何かを、自分自身に問いかけるようなものです。

色分けすることで、今日やろうとしているタスクがどの位置づけにあるかがひと目で分かるようになります。**1日のうちに優先して進めるべきは「種まきの赤」「刈り取りの緑」**です。もちろん「間引きの青」「塩漬けの黒」も消すことはできませんが、「いまは間引きをしている」「塩漬けのタスクを進めている」と認識することにより、必要以上に時間をかけすぎることがなくなります。

慣れてくると、タスクリストを作らなくても、日々の生活が4色に見えてきます。たとえば会議の進行は「最初の10分は前回の振り返りで、メールで確認すれば済む話だから『間引きの青』だな。あんまり聞かなくてもいいや」「40分後にやっと『種まきの赤』の話が始まった。しっかり聞いておこう」など、仕事で削減すべきムリ・ムダ・ムラも見えるようになってくるので、生産性も上がります。毎回の判断を色分けするため、予定を入れる際に「とりあえず書いておくか」などと、なんとなく決めることがなくなるので、判断力、瞬発力も身につきます。

この作業をモーニングルーティンとして定着させれば、将来の計画にいつまでも手をつけられない、本当にしたいことが何なのか考える時間がない、という悩みから解放されます。大切な時間をムダにするか、投資にするかは「朝1時間」で集中して物事を考えられるかにかかっているのです。

なお、「3.「種まき」の「粒」を細かくし、すぐに実行可能な状態にしておく」については、Section2で具体的な方法を解説します。

仕分けがすめば
朝9時以降は余力でラクラク

一番時間がかかるけど人生においてとても重要な「種まき案件の見極め」と「仕分け」を始業前に済ませれば、あとは余力で進めることができます。

何ごともおっくうなのは取りかかるまで。最後の追い込みより、最初の仕込みが肝心です。朝イチに「もう、あとはやるだけ！」の状態になっていると思うと気持ちが前向きになりませんか。すぐに取りかかるだけにしておくことで、たとえ業務中に話しかけられたり、急な案件がはいっての中断があったりしても、またすぐにタスクに戻ることができるようになります。

Section
2

「前半30分」で1日のタスクを段取る

――パフォーマンスを高める
「最強リスト」の作り方

「前半30分」でタスクを仮決めする

1日の予定をタスク化し、優先順位を決めていくプロセスは、自分にとって何が大切で、どれを捨てるべきか、日々の決断に責任を持つことにつながります。

人生は判断の連続です。忙しいから、まだ先だからと判断を先送りにしていくと、あとで振り返ったとき大きな後悔となります。

朝のタスク整理は、自分にとって譲れない「種まき」を見つけて進めていくプロセスです。これはまさに、自分が何を大切にして、どういう人生を生きたいかを占う試金石となります。タスク化しても1日で終わらせることができなかったとき、自分に足りないところが見えてきます。足りないところが見えれば補うべきところも明確化されます。自分にできないなら得意な人に頼もう、という判断も、「タスク化」から始まるのです。

タスク化による7つのメリット

タスク化を「モーニングルーティン」に組み込むことができると、次の7つのメリットがあります。

1. 「決めグセ」がつき、行動が早くなる
2. 「念のため思考」を排除できる
3. 自分の作業見積もりができるようになる
4. 仕事を抱え込まなくなる
5. 自分の仕事のFAQ集ができる
6. すべき残業とやめるべき残業の違いが分かる
7. 日中の集中力が増す

順番に解説します。

1.「決めグセ」がつき、行動が早くなる

これは、本当に「いま」しなければいけないことか？

これは、私がするべきことなのだろうか？

忙しい毎日、心の中ではそう思っていても、立場上言えなかったり、言うとかえって面倒くさくなるからやめておこう、と思ったり、そもそも考える時間すら惜しくてつい体を動かしてしまう。そんな心当たりはありませんか？

その原因は、「決めグセ」がつけられていないことにあります。

たとえばメールの返信に時間がかかる人は「相手からどういう答えを引き出せばいいか」を決めていないし「いつもこの作業に時間がかかる」と言いつつ、なんとなく時間を過ごす人は、自分の仕事内容を改善しよう！　と決めていません。

タスク化を続けることで、「決めグセ」をつけることができるようになります。決めグセとは、言い換えると自分の価値観・好き嫌いを明確化し、瞬時に判断して割り振る力のことです。

毎日の出来事の意味を一つ一つ、「やる!」と決めてやるか、なんとなく過ごすかで、1日の達成感と充実感がまるで変わってきます。まずは小さなことからでいいので、すぐに決めるクセづけをしていきましょう。

その決断が間違いでも決断する力は確実につきます。積み重ねれば判断力自体の精度も向上し、仕事全体にかかる時間も短縮できるようになります。

2.「念のため思考」を排除できる

「朝1時間」で集中してタスク分けをすると、一日の「あれもこれも」の情報を詰め込む余裕がありませんので、厳選してリストにすることができます。

たとえば、相手に最終確認だけをしてもらえばいい資料なのに「念のため現段階のものです」と途中経過を見せるのはよくある行為です。しかし、それを「緊急で重要な」タスクとしては扱わないはずですし、朝一番のタスクにしようとも思わないでしょう。

そもそも、送られた相手は、送られてきた未完成の資料をどう扱ったらいいか迷ってしまいます。なんとなく考えなしに手が動いてしまう仕事の仕方を改めるためにも、タスク分けは有効です。

メールの「CC」機能も「念のため」志向がよく出るものです。「念のためこの人にも耳にいれておこう」と、CCの宛先がものすごい数になっていませんか?

CCメールを見ていないからといって、責めることはできません。「CCで入れましたけど」と抗議をするのなら、直接相手にメールをすればよかっただけの話です(ある企業の幹部に聞いた話ですが、CCメールは見ない、と決めているそうです。こう決めるのは、忙しい人に特に多いです)。

自分と相手に対する時間のムダは「念のため」を疑うことで防ぐことができます。念のためを疑った上で、それでも送らなければいけない、と思ったメールなら、「朝1時間」のタスクにしっかりと入るはずです。

3. 自分の作業見積もりができるようになる

残業時間削減や生産性の向上、リモートワークの推進など「働き方改革」のニュースが話題になっています。生産性を向上させ、残業を減らすにはどうしたらいいかが論点となっていますが、私は生産性向上のキモは「それぞれの仕事の〝当たり前〟の見える化と共有」だと考えています。

作業を自分ひとりで抱えてしまう、見積もりが甘い、仕事をひとつひとつ丁寧に終わらせないと気が済まないなど、残業問題は一般的に性格の問題と片づけられがちです。「見積もりの、どこがどう甘いのか」「丁寧すぎるところとちょうどいいところの見極めはどうしたらよいのか」などの具体的なことは、人と比較しないままだと曖昧になってしまいます。

ひとくくりに「メール作成」「資料準備」といっても、人によって手順は様々です。仕事が速く正確な人の行動＝当たり前が共有化され、シェアできる環境をつくることができれば、生産性は劇的に高まります。

仕事が雑で悩んでいる人も、なんとなくこなしている仕事を「見える化」できれば、仕事ができる人と比べることができます。比べれば、どこが抜けると雑になるかも分かるようになります。先輩や仕事ができる人に「私はこのように仕事をすすめているのですが、先輩はどのようにしていますか？」と具体的に質問ができれば、的確なアドバイスも受けられます。その結果、自分の作業を正確に見積もれるようになるのです。

4. 仕事を抱え込まなくなる

管理職候補に向けての講演で、参加者の一人からこんな悩みを聞きました。

「うちの上司は、アイデアを出すと『いいね！　じゃあやって！』と、すぐに任せてくれます。それはありがたいのですが、いまの状態でもパツパツなのに、その上で新しいプロジェクトをスタートさせるのは無理です……」。

ちなみにこの悩みを打ち明けてくれたのは、ベテランで仕事も速く、思いやりや責任感もあり周囲からの信頼も厚い方でした。「仕事は忙しい人に頼め」とはよく聞く話ですが、優秀であればあるほど、どんどん仕事を任せられ、うまく回してしまうからこそ、また仕事が降ってくる——。やりがいがある反面、心理的負担も大きいことでしょう。

ここで盲点となるのが、**仕事ができる人ほど、自分の作業プロセスを、実はよく分か**

っていないことが多いことです。

なんとなくできてしまうから、手順をわざわざ数えたり書き出したりするのがまどろっこしく感じ「説明するくらいなら自分がやったほうが速い」とばかりにまとめて引き受けてしまいがちです。

結果、雪だるま式に仕事が増え、いつまでも仕事を抱えてしまうことになります。

できるからとキャパ以上の仕事を受けて「ひとりブラック企業」にならないためにも、タスク化は重要です。すべきことを分解して、ここはできるけれど、それ以外は助けて、と言えるところまできちんと考えれば、実は「そんなに大変ではなかった」と感じる仕事も多いのです。

5. 自分の仕事のFAQ集ができる

ほかにも人がいるのに、なぜかあなたにばかり質問が集中することはありませんか？忙しく過ごしていると「なんで自分ばかり」「自分でググれ」などと思ってしまうかもしれませんが、繰り返し聞かれることは、「誰もが知りたいけど、なかなか答えにたどり着けないから、答えを知っているあなたに質問してくる」ことなのかもしれません。

つまり、この類の質問には、あなただからこそできる価値が潜んでいることが多いのです。タスク化で何をしているかを明らかにしていくことは自分の仕事について自分で「FAQ集（よく聞かれる質問集）」をまとめてみるようなものです。「いつも同じ質問だ」とうんざりしてしまう仕事の中に、自分「ならでは」の問題解決の「宝」が潜んでいると思えば、それだけで仕事もちょっと楽しいものになりませんか？


「朝1時間」でタスクリストを作ることは、自分が無意識にしていることを言語化する作業です。言語化することができれば

1. 自分がどのようにスキルを身につけてきたかを棚卸しし
2. 相手にきちんと分かってもらえるように言語化し
3. それを誰にでもできる形で標準化・体系化する

ことにつながります。

体系化できればほかの人に任せることができ、相手に喜ばれて自分もラクになります。また、「教えよう」の視点で物事を見ると、コミュニケーションの取り方も変わるし日々

の仕事について楽しみも見いだせるようになります。

6. すべき残業とやめるべき残業の違いが分かる

タスク分けをしておくと、できた／できなかったが明確になるため、見積もりの甘さも見えてきます。たとえば「残業」と一言で言っても、「やむを得ない残業」と「自分の工夫で防げたはずの残業」の二種類あります。タスク化して作業を振り返れば、「自分の工夫で防げたはずの残業」が明らかになり、削減のための方策を練ることができます。

こんな経験はありませんか。クライアントや上司から企画書作成の指示を受けたとき、その内容を完全に把握せず請け負ってしまったため質問ができなかった。案の定作業中に確認しないと分からないことが出てきてしまった。でも確認したい相手は会議や外出でなかなか戻ってこず、結局チェックしてもらうまでに3時間待ってしまった……。

これは指示を受けた時点で不明点を確認していれば防げたはずの残業です。タスク分けをしっかり済ませておけば、企画書作成というタスクには指示内容の確認・作成・成果物のチェックなども含まれることがあらかじめ分かるので、ムダな残業の改善に取り組むことができます。

自分の残業だけでなく、上司の残業理由も観察して、「自分ならどう改善する」と考えられるようになれば「やむを得ない残業」にモヤモヤすることもなくなります。

7. 日中の集中力が増す

「朝1時間」のタスク管理が習慣化すると、朝があなたの**「ピークマネジメント」**の時間となります。「ピークマネジメント」とは、アスリートが試合の本番に自分を最高の状態に持っていくために、いつもの「勝ちパターン」を儀式として行うことをいいます。2015年にはラグビーの五郎丸歩《ごろうまるあゆむ》選手がキック前にする「あのポーズ」が話題となりました。元大リーガーの松井秀喜《まついひでき》選手も現役時代、自分の名前がコールされ、打席に向かうまでに次の動作で精神統一をはかっていたそうです。

・両手でバットの端を持つ。
・体を前に倒す。
・体を旋回するストレッチで体をほぐす。

・左右で素振りをした後、ピッチャーの投球モーションに合わせて素振りをする。
・打席に入ったとき、足で土をならす。
・構えに入るときにバットの先を一瞬見つめる。（出所：『壁を打ち破る100％思考法』PHP文庫）

このように、自分が「のってくる」状況を意識的につくる儀式として朝1時間をタスク管理に充てていきましょう。

「この行動で私はうまくいった」というパターンを繰り返し、「モーニングルーティン」とすることによって、自分にいい暗示をかけることができます。自然と身体が動くような習慣になれば、行動の幅が広がります。

心理学者ミハイ・チクセントミハイは周囲のざわめきが気にならないくらい思いきり物事に集中している状態を「フロー状態」と名づけました。朝の1時間でタスクを段取りする行為を「フロー状態」でつくることができれば、朝イチから「このタスクを今日1日でクリアするぞ！」という気持ちが高まります。

また、「朝1時間」でリスト化が済んでおけば、すべきことが自動的に決まってくるため、急な相談や突然のトラブルで仕事が中断したとしてもすぐに「すべきこと」に戻ってくることができます。

慣れないうちはネット断ちをする

いつでもネットにつながっているいまの時代、タスクリストをすぐに作成できるスマホアプリもたくさんあります。しかし**「朝1時間」のタスク管理は、慣れるまでは面倒でも紙の手帳やノートを使い、アナログで作ることをおすすめします。**通勤電車内などでしか「朝1時間」を作れない場合はやむを得ないのですが、ウェブ閲覧やメールチェックに時間を費やさないよう気をつける必要があります。

理由は2つあります。

1. 集中力や判断力を維持するため
2. 惰性でタスクを先送りするのを避けるため

「情報の豊かさは、注意の貧困をもたらす」と述べたのは、ノーベル経済学賞を受賞したハーバート・サイモン氏です。情報量が多すぎると、選ぶのに疲れて考えることをやめてしまうので、自分自身の判断軸が鈍ってきてしまい。優先順位づけにも影響が生まれます。いまはスマホを触るたび、PCを開くたび、見たくなくても情報は目につきます。そういった情報に日々接し続けていると、自分が本当に頭で考えた意見なのか、それともネット論客が言っていた意見なのか、その判断基準も曖昧になってきてしまいます。あふれる情報を鵜呑みにして、その情報を得ることで「自分はちゃんと考えている」と思い込んでしまう危険性があるのです。

「朝1時間」だけでもインプットを止め、自分の中にあるものをアウトプットするのを習慣化してみましょう。アウトプットはスマホでもできますが、スマホを手に取ると、ついついメモ以外のこともついでにやってしまいます。本来のタスクリスト作成に集中するため、ネットから意識的に離れる時間をつくるのをおすすめします。

また、デジタルでタスクリストを作成すると、簡単にコピー&ペーストできてしまいます。便利な機能ではありますが、「本当にこのタスクは必要なのかな?」と改めて検証する大切な時間までショートカットしてしまいます。また、同じタスクを前日にクリアできなかったという罪悪感も軽減してしまうため、クリアしようという執念も薄まってしまいます。

なお、ふせんに一つひとつタスクを書き、目立つところに貼りつけ、終わったら捨てるスタイルの方もいらっしゃいますが、これもおすすめしません。なぜなら、せっかく達成したものをはがして捨ててしまうことは、チャレンジの軌跡まで捨てることになるからです。あなたが達成したり、判断したりして色分けした軌跡は、ノートや手帳にぜひ残しておいて振り返りにも活用してください。終わった印として、赤ペンで上から線を引けば、達成感も味わうことができます。

移動中のタスク分けにオススメのメモアプリ「Ｃａｐｔｉｏ」

基本的に「朝1時間」はネット断ちを推奨していますが、電車の移動中、しかも満員電車の中や通勤の車の中でしかタスクを考えられない、という人も多いかもしれません。その場合のオススメアプリが「Ｃａｐｔｉｏ」です（有料）。メモをメールにして自分に送るだけのシンプルなアプリですが、アプリを起動↓メモ↓送る、といったように操作がシンプルで動作も速く、とても便利です。音声入力と連動させることもできます。送ったメールはあらかじめ設定したタイトルでメールボックスに届くので、職場に着いたり職場近くのカフェなどに到着したりして落ちついたときに見なおせば、それだけでタスクリストができます。私は移動中の思いつきメモなどもすべてＣａｐｔｉｏで自分にメールしています。

専用ノート・ペンを用意する

「朝1時間」生活を始めるとき、私がおすすめするのは「形から入る」ことです。

「朝1時間」のタスク分けは紙やペンがあればできますが、手触り、ペンのすべり、持ち歩きやすさなど、妥協せずに最高だと思えるものを選んでみると、やる気も高まります。高級なブランドノートである必要はありません（高級なブランドノートだと気分があがるのなら、それでも全くかまいません）。毎日、朝いちばんに手に取るのにふさわしいノートを選んでみてください。

ちなみに私の場合、ノートは次の3冊を愛用しています。

- 毎日、毎週、毎月のタスク管理用に、10年連続でプロデュースしている『朝活手帳』
- 3～6ヶ月単位のビジョンを描く用（後述します）に、LIFE NOBLE NOTE PLAIN B6 無地

🍃モーニングページ（後述します）用に、ミドリ
ノート MDノート 文庫 無罫1

タスクを色分けするために愛用している4色ボールペンはLAMY（ラミー）4色 ボールペン 油性2000 L401です。4色ボールペンはデザインがイマイチのものが多い中、こちらはスタイリッシュで持っているだけで気分があがります。ただし、ラミーのボールペンはインクの粘度が強く、強い圧をかけないと書けません。そのためジェットストリームの替芯に入れ直すという裏ワザを使っています。

3〜6ヶ月単位のビジョンを描く用には、トンボ鉛筆の水性サインペン プレイカラーK 12色セットを使っています。

※ジェットストリームは型番がたくさんあるので注意。ラミーに入るのは「SXR20005」というものです。
※さらに、ジェットストリームは緑がないのが難点。そこで緑は「ゼブラ 油性ボールペン替芯 シャーボ 4C-0.7 B-BR-8A-4C-Gを使っています。

「前半30分」を最大化する仕分けの3ステップ

では具体的に、どのように仕分けしていくかについて解説します。

「朝1時間」のタスク管理には、毎日の習慣、毎週の習慣、毎月の習慣、3ヶ月〜半年ごとの習慣があります。基本動作は同じなのでまずは「毎日の習慣」から説明します。

1. 頭に浮かんだ今日のタスクを洗いざらい頭の外に出し切る
2. 4色に色分けして「種まき」を見極める
3. 「種まき」を細かい粒に仕分けし、

Step3
「種まき」を細かい粒に仕分けし、すぐに取りかかれる状態にする

新規取引先に向けた企画書作成
- □ クライアントの悩みを調べる
- □ クライアントのお客様を調べる
- □ ゴールを考える
- □ 企画ラフを作る
- □ 反論や質問をリストアップする
- □ 回答を用意する
- □ 開催スケジュールを確認する
- □ 必要なスタッフを確認する
- □ 企画ラフを上司とすりあわせる
- □ 資料作成開始
- □ 資料最終チェック→修正
- □ プレゼンのリハーサルをする
- □ カラーで3部印刷する

すぐに取りかかれる状態にする

順番に解説します

実際は
・アンダーラインを引く
・先頭に色分けした○をつける
・色ペンで囲む
など、自分が見てわかるように
4色でしるしをつければOK！

Step1
頭に浮かんだ今日のタスクを洗いざらい頭の外に出しきる

4月8日　今日のタスク
□ 朝のメールチェック
□ B社からの問い合わせ対応
□ 定例ミーティングの議題見直し
□ 定例ミーティング出席
□ 定例ミーティング議事録作成
□ 見積書作成
□ Aさんとランチ
□ お昼のメールチェック
□ 新規取引先に向けた企画書作成
□ 趣味の読書ブログを書く
□ 腹筋100回
□ セミナー代金振込

Step2
4色に色分けして「種まき」を見極める

4月8日　今日のタスク
□ 朝のメールチェック
□ B社からの問い合わせ対応
□ 定例ミーティングの議題見直し
□ 定例ミーティング出席
□ 定例ミーティング議事録作成
□ 見積書作成
□ Aさんとランチ
□ お昼のメールチェック
□ 新規取引先に向けた企画書作成
□ 趣味の読書ブログを書く
□ 腹筋100回
□ セミナー代金振込

1. 今日のタスクを頭の外に出し切る

まずは**今日進めておきたいタスクを、「やりたいこと」「やるべきこと」などのジャッジはせず、全部出しきります。**目的は「忘れないようにしておく」ために貴重な脳のキャパを使わないようにすることです。脳の外部メモリを紙やノートに担ってもらうイメージです。その際、「思い出したけどこれは今日じゃなくて明日でもいいや」「来週のこれが気がかり」といった、1日にとどまらないタスクも思い出しますが、思考の流れを止めずにまずはいったん、そのまま書き出します（明日以降のタスクの管理法については、毎週、毎月、3ヶ月〜半年ごとの習慣のところで解説します）。

「忘れないようにしなければ」「やらないといけない」というぼんやりとしたプレッシャーが心の負担になり、すべきことを後回しにしてしまったりするのはよくあることです。漠然とした頭のなかのモヤモヤを出しきるつもりで書き出してみましょう。

この段階で色分けを意識すると記入の勢いが止まってしまうので、色分けはしなくてもOKです（慣れてくると、この段階で自然に色分けの判断ができるようになります）。黒ペンや鉛筆でひたすらリストアップしてみてください。

移動中しか時間が取れない方は、先ほど紹介したCaptioなどを活用して自分にメールを送っておいてください。キレイにリストアップしようと思うと止まってしまうので、タスクの大小にかかわらず、とにかく「出しきる」ことが大切です。

4月8日　今日のタスク
□ 朝のメールチェック
□ B社からの問い合わせ対応
□ 定例ミーティングの議題見直し
□ 定例ミーティング出席
□ 定例ミーティング議事録作成
□ 見積書作成
□ Aさんとランチ
□ お昼のメールチェック
□ 新規取引先に向けた企画書作成
□ 趣味の読書ブログを書く
□ 腹筋100回
□ セミナー代金振込

1日のタスクは大体、次の5つに分けられることが多いので、「なんでもいいから頭

の中を書いて」と言われてもなかなか思い浮かばない場合は、次の項目をリスト化してみるところから始めてみてください。

・連絡したい人
・今後進めたいプロジェクト
・将来やりたいこと
・提出する課題
・読みたい本・資料

私の場合はプロデュースしている『朝活手帳』のバーチカル部分を活用し、時間軸を無視して1日のタスクリストとしています。

朝活手帳は「朝4時〜9時」の時間軸の手帳ですが、

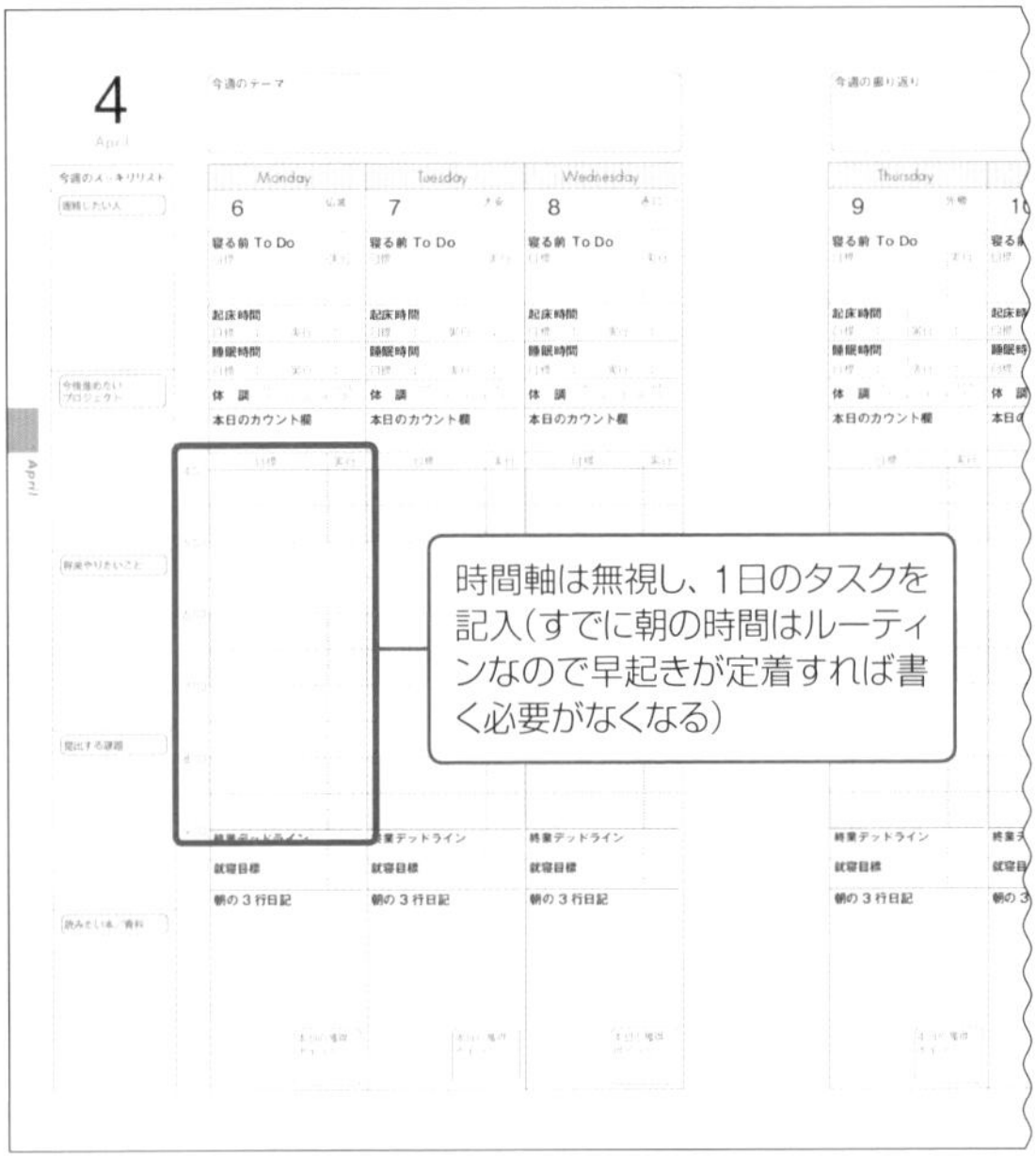

巻末のプラスαコンテンツで紹介した早起きのコツを実践し早起きが自然にできるようになると、朝の「タスク化」以外の作業（たとえば何時に起きて何時に朝食を食べるといったこと）についていちいち記入する必要がなくなります。『朝活手帳』に限らず、バーチカルタイプ（1週間で見開きになっていて、30分～1時間ごとに縦に目盛りが刻まれているタイプ）の手帳なら同じように活用できるので試してみてください。

何も思い浮かばない場合は準備運動として「モーニングページ」を採用する

いきなり朝からタスク分けをする気が起きないときは、準備運動的に**「モーニングページ」**に取り組んでみましょう。「モーニングページ」とは、ジュリア・キャメロン著『新版 ずっとやりたかったことを、やりなさい。』（サンマーク出版）で紹介されている手法で、**「朝の時間に1日3ページだけ、頭の中の思い浮かんだ言葉をそのままノートに書く」**というものです。

書く内容は何でもＯＫです。すべての思考を吐き出すイメージで書き殴ります。かしこまったことではなく、「今日は何にも書くことがないけど、どうしよう、３ページも書くの、きついな」といったような、正直な気持ちで大丈夫。勢いにまかせてどんどん書いていきます。

モーニングページで、あえて答えを出さず自分の考えをそのままダーっと書きなぐると思考が拡散され、ページの中に「今日やりたいこと」「やるべきこと」も自然と書けるようになります。

そこから「今日は何をする」「今週は何をする」「今月は何をする」「将来何をする」という明確なタスクが見つかり、思考を収束させることができます。

つまり、モーニングページではオープンクエスチョンで自分の頭の中を「だだ漏れ」にし、その後タスク分けをすると、「何をしたいのか」「今週は何をするのか」というクローズドクエスチョンに落ちつきます。モヤモヤしてタスク分けに手をつけることができないときにおすすめの方法です。

2. 4色に色分けし「種まき」を見極める

つぎに、それぞれの項目を、例外なしに次の4色に色分けしていきます。

緊急でない×重要：❶種まきの赤
緊急×重要：❷刈り取りの緑
緊急×重要でない：❸間引きの青
緊急でない×重要でない：❹**塩漬けの黒**

これにより、視覚的に優先順位が分かりやすくなります。色分けに慣れないうちは、1日のタスクを黒でパパっと書いた上で、色分けした下線を引いたり、色がついた○をつけたり、マーカーでしるしをつけたりしてください。

	緊急	緊急でない
重要	刈り取り 緑 2	種まき 赤 1
重要でない	間引き 青 3	塩漬け 黒 4

ポイントは、迷っても、書く段階で「えい！」と優先度を決めてしまうことです。

もちろん、迷ったり、間違った判断をしてしまったりすることもあるでしょう。それでも反省点も色で把握できるので、黒だけで書くよりも振り返りやすくなります。色分けに慣れてくると、メールでも即レスすべきものか、少し時間をかけるべきかなども色で見えるようになってきます。物事の判断スピードが速くなり、結果的に自分で自由にできる時間が増えます。

具体的には次のようなものです。

全志向共通の「種まき」（赤）

心身の健康を維持するための投資、健康管理、運動、家族や恋人、親友、メンターなど、自分にとって大切なこと・人にかかわること

ワーク&ワーク志向の「種まき」（赤）

将来的にためになる施策、会社の価値を底上げするための施策、たとえば新規商品開発、他社動向リサーチなど、調査・計画・勉強に関わるもの、評価を上げるための自己投資、苦手だけれど成長のためには必要なスキルの取得

4月8日　今日のタスク

☐ 朝のメールチェック
☐ B社からの問い合わせ対応
☐ 定例ミーティングの議題見直し
☐ 定例ミーティング出席
☐ 定例ミーティング議事録作成
☐ 見積書作成
☐ Aさんとランチ
☐ お昼のメールチェック
☐ 新規取引先に向けた企画書作成
☐ 趣味の読書ブログを書く
☐ 腹筋100回
☐ セミナー代金振込

ワーク&プライベート志向の「種まき」（赤）

趣味のスキルアップ、会社の仕事を効率的に終わらせ、趣味ややりたいことに集中するためのスキルの習得

ワーク&セカンドジョブ志向の「種まき」（赤）

いままで自分がやってきたことの棚卸し、今後のキャリア設計の見直し、仕事の生産性向上による副業時間の捻出方法研究、本業の会社への根回し、いまのスキルを活かせる仕事を探す、ロールモデル研究

ワーク&インベスト志向の「種まき」（赤）

お金を生み出すための準備。株や不動産の勉強、市場価値があるもののリサーチ、成功者からの学び

刈り取り、間引き、塩漬けは全志向に共通しています。次のようなものです。

寝る前 To Do
起床時間
睡眠時間
体調
本日のカウント欄
将来やりたいこと
提出する課題
読みたい本／資料
終業デッドライン
就寝目標
朝の３行日記
本日の獲得ポイント

刈り取り（緑）

いま目の前の生活や仕事に直結するもの。たとえば重要取引先からの連絡、日時が決まっているプレゼン、重要な会議の資料

間引き（青）

やらなくても本当は大きな影響はないけれど、目の前の状況のせいですぐに取りかからなければいけないい気持ちになるもの。たとえば急がない電話やメールなど、空いた時間でまとめてこなせばいいもの

塩漬け（黒）

そもそもやっている意味がないまま思考停止で続けているもの。雑用、暇つぶし

優先順位づけは失礼でも面倒でもない

この優先順位づけの手法をお伝えすると、「相手の約束に優劣をつけたり、えこひい

きしたりなんてできないし、そんな判断をしたくない」という方もいらっしゃいます。でも、いい人のふりをしつつストレスをため込み、モヤモヤしながら相手とつきあうほうが、よっぽど相手に対して失礼なのではないでしょうか。自分の時間を犠牲にしてまで相手のために時間を使うのはなぜか、その判断をあなた自身はどういう基準でしているのかを色分けで明確化できれば、日々納得感のある選択ができてスッキリします。

しかし、優先順位を決めて行動に移すことは、窮屈《きゅうくつ》ではなくむしろ自由を生むと私は考えています。ルールに沿って、迷いなく、リズムに乗って決めた結果、自由に物事をデザインできる余白が生まれます。意識的な作業を極めると無意識に作業ができるようになります。意識的にまずはルールに沿って入れてみましょう。

職業柄「手帳を見せてください」という取材を多く受けますが、「すごい！」と言われつつ、言外に、私にはこんなに細かくできない……と引かれたように感じることもあります。しかし、細かいようで、していることは［書き出す↓色分けする↓種まき（赤）を分解する］の3ステップだけ。とても簡単です。

3. 「種まき」を仕分けし、取りかかれる状態にする

色分けが済んだら、「種まき」の赤の部分の「粒」を細かくし、実行可能な状態にしていきます。もしも1日のタスクに「種まき」が見当たらない場合は、向こう1週間の予定を確認し、「種まき」をピックアップしてもかまいません。

たとえばイベント会社社員が、急ぎではないけれど、新規顧客と

新規取引先に向けた企画書作成
- □ クライアントの悩みを調べる
- □ クライアントのお客様を調べる
- □ ゴールを考える
- □ 企画ラフを作る
- □ 反論や質問をリストアップする
- □ 回答を用意する
- □ 開催スケジュールを確認する
- □ 必要なスタッフを確認する
- □ 企画ラフを上司とすりあわせる
- □ 資料作成開始
- □ 資料最終チェック→修正
- □ プレゼンのリハーサルをする
- □ カラーで3部印刷する

なるクライアントに新しいイベントを提案していきたい、という場合は、会社の売上げアップと取引先拡大のための「種まき」（赤）です。ここで「新規取引先に向けた企画書作成」を分解していきましょう。

□新規顧客候補のクライアントの悩みが何かを調べる

□新規顧客候補のクライアントが来ていただきたいお客様はどんな人で、何を解決したがっているかを調べる

□新規顧客候補のクライアントがどうなったらゴールかを考える

□5W2Hをまとめた企画案を考える：When（いつ）、Where（どこで）、Who（誰が）、Why（なぜ）、What（何を）、How（どのように）、How much（いくら）

4月8日　今日のタスク

- □朝のメールチェック
- □B社からの問い合わせ対応
- □定例ミーティングの議題見直し
- □定例ミーティング出席
- □定例ミーティング議事録作成
- □見積書作成
- □Aさんとランチ
- □お昼のメールチェック
- □新規取引先に向けた企画書作成
- □趣味の読書ブログを書く
- □腹筋100回
- □セミナー代金振込

□新規顧客候補から出そうな反論や質問をリストアップする
□新規顧客候補から出そうな反論や質問に対する回答を用意する
□開催スケジュールを確認する
□開催のために必要なスタッフ数を確認する
□ノートに企画ラフを書き、いったん上司に見せて方向性をすりあわせる
□上司に一度チェックしてもらう
□資料作成開始
□資料を上司に最終チェックしてもらい、必要があれば修正する
□プレゼンのリハーサルをする
□明日の打ち合わせに備え、カラーで3部印刷する

ここまで分解して準備しておけば、進めるべきタイミング（刈り取り）がきたとき、あとは計画通り進めていくだけなので気がラクになる上、ここまでは自分ができる、これ以外は自分ではできない、という見極めができ、人に仕事を振りやすくなります。

たとえば「新規顧客候補のクライアントの悩みが何かを調べる」「開催のために必要

なスタッフ数を確認する」「来て欲しいターゲットのニーズを調べる」「カラーで3部印刷する」という作業なら、頼もうと思えばほかの人もできる仕事だな、と気づくはずです。仮にこれを自分ひとりでやることになったとしても、「いま自分は人に振れることをやっている」「これは自分しかできない仕事だ」と意識するだけでも、今後の仕事の仕方が変わってきます。

また、手順を細かく記録しておくことにより、振り返ったときに大切だった準備、そうでもなかった準備が分かるので、次回同じように新規顧客に提案するときにはそこまで時間がかからずに仕事を進めることができます。

ちなみにこの分解スキルを磨けば、「すごく忙しいと思っていたのに仕事が終わって振り返ってみたら、結局何も進んでいなかった」という徒労感からも解放されます。

なぜならば、仕事の「粒」が細かいので、1日仕事をしていて一個も粒を消せなかった、ということはあり得ないからです。

また、この手法は「種まき」だけではなく、「刈り取り」すべきことが多すぎて途方にくれたときにも活用できます。

〆切りが迫っているのになかなか手がつけられず、つい普段はしない「掃除」や「メールの整理」をして現実逃避してしまうことは誰にでもあるでしょう。**現実逃避してしまうのは、何を、どこから、どうするかが曖昧になっているから**です。「刈り取り」仕事を細かく分解して取りかかれる状態にするプロセスは、今後の仕事をスムーズに進めるための立派な「種まき」作業といえるので、「朝1時間」で進めてみてください。

仕事でもプライベートでも、「種まき」タスクの「粒」を細かくすることができると、進捗を客観的に測ることができます。たとえすべきことが1日で終わらなくても、「70パーセント進めることができた」と進捗が分かるので、「今日終わらなかった」と落ち込むことが減り、自己肯定感もあがります。

また、全部のタスクを一日で消化できなかったとしても、朝の時間を「種まき」に充てたことで「今日は自分にとって大事なことに取りかかることができた」というスッキリ感を味わうことができます。

ひとつの「種まき」につき、1枚の紙を用意する

種まきタスクの分解は、「1種まき、1シート」（専用のノートなどを使う場合は1種まき、1ページ）での運用をおすすめします。1つのページに複数の「種まき」を入れると、何をどこまでやったかが分かりづらくなってしまう上、キチキチに詰め込んで書いてしまうと「こんなにしなきゃいけないことがあるのか……」と心理的圧迫感でやる気が減退してしまいます。「1種まき、1シート」と決めておけば、種まきタスクがいくつあるかも紙の枚数を数えればいいだけなのでラクです。

この「種まき」を分解し、シートに落とし込む作業は慣れるまでは時間がかかるので、「朝1時間」で終わらない場合は何日かに分けて作成してもかまいません。また、そもそも「種まき」案件は1日で全部終わらせることができないような作業量のものが多いため、1日が終わった時に全部キレイにタスクを終了できなくてもかまいません。

仕事内容	すべきタスク	（余力があれば）目標所要時間
企画をまとめる	☐ ~~企画の仮説を立てる~~	30分
	☐ ~~仮説に関連する資料を片っ端から読む~~	2時間
	☐ ~~関連キーワードをGoogleアラートに登録~~	5分
	☐ ~~アイデアを熟成させる~~	3時間
	☐ ~~企画資料をノートにラフで書く~~	1時間
	☐ その企画のメリットを考える	20分
	☐ 企画提案により出てくる反論を考える	20分
	☐ 反論をどう覆すかのデータを集める	1時間
	☐ 予算内でいけるか計算する	30分
	☐ 実施スケジュールを作る	30分
	☐ 誰に何をお願いするか役割分担表を作る	30分

1種まき、1シート
終了したタスクは
赤線を引き、達成
感を「見える化」

朝活イベント　開場前タスク（～9:00）

タスク	具体的にすること	担当者
スタバでコーヒー	スタバに取りに行く&ドリンクをセット	
会場設営	現状復帰できるように写真を撮っておく 前に3つスツールを用意 すべての椅子にタイムスケジュールを置く 会議室を荷物置き場兼授乳室（椅子を1個置く）にする	
ケータリング対応	8:30に来るバイク便に代金を渡し、受付にセット	
本を並べる	本を見やすいところに飾る	
3Fエレベーター前案内	エレベーター空いたら案内する 同時にトイレの場所もお伝えする	
受付	受付後おにぎりを渡す 領収書希望者には渡す（個別対応あるので説明します）	
コーヒー&着席案内	受付済んだ人にコーヒーの案内&着席を前の方から案内	
緊急時電話対応	携帯にかかってきた電話に対応	

「朝1時間」でタスクを作り、あとはそれを進めるだけの状態にすること自体が重要な「種まき」となります。

「種まき」の分解に慣れてきたら、目標所要時間も記入しておくと、自分の作業見積もりが見えて今後の対策も練ることができるのでオススメです（ただし心理的に負担になるくらいならやらなくても大丈夫です）。

たとえば、チームで定期的に開催するイベントがあり、毎回誰でも同じような動きができるよう具体的にマニュアル化しておく作業も「種まき」にあたります。その場合は、所要時間の欄は「担当者」に変えて応用してみてください。

細かくすべき粒の見分け方

1日のすべてのタスクの「粒」をどんどん細かくしていたら、その作業だけで1日かかってしまう。1時間ではとても足りない！ と思ってしまいますよね。その心配は無用です。タスクの「粒」を細かくする目的は、具体的に行動につなげられるようになることです。つまり、すでに動きをマスターし、息を吸って吐くようにできているものをわざわざ細かくする必要はありません

「粒」を細かくする必要があるのは、「種まき」タスクの中でも、次のようなものだけでOKです。

- 「もっとうまいやり方がないかな」「これでいいのかな？」と迷っているけれどそのままにしてしまっていること
- 今後自分の生活に組み込みたいこと

- 新しいチャレンジをしたいけれどまだ取り組めていないこと
- 手順が確定しておらずモヤモヤしていること
- いつも余計な時間がかかってしまうこと

つまり、**「大事だと分かっているのに手つかずになっているモヤモヤ」「気になっているのに進まない」種まきのみを分解する**という認識です。

色分け・粒度に迷ったら

「色分け」と「粒度の判断」は多くの人が判断に迷う箇所ですので、ここでよくある質問をまとめます。

色分けに関するQ 1

種まきの「赤」が見当たらない！

Q 1日のタスクの色分けにチャレンジしましたが、見事に「刈り取り（緑）」「間引き（青）」「塩漬け（黒）」ばかりで「種まき（赤）」がひとつもなく、自分の一日はなんだったのだろう、と愕然としてしまいました。種まきが見当たらないときはどうしたらいいでしょうか？

A 基本的に「種まき（赤）」がほかの色より少ないのは当たり前なので必要以上に気にする必要はありません。

割合としては大体「刈り取り（緑）」が7割、そのほかの色が1割ずつくらいが普通ですし、1日のうちに「種まき（赤）」がないように見える日もあるでしょう。しかし、「大したことではない」と思い込んで種まきタスクを見逃している場合も往々にしてあります。一つでも、小さなことでもいいので朝の時間で種まきタスクを見つけてみましょう。

また、「今日1日の種まきを探そう」と限定すると書けなくなってしまうので、来週、来月、来年など幅広に「こうだったらいいな」を探すことを意識すると、だんだん「種まき（赤）」が増えてきます。なお、「刈り取り（緑）」を早く終わらせるために手順を明らかにする作業も「種まき（赤）」にあたりますので、見当たらない場合は、まずはそこから始めてみてください。

色分けに関するQ 2

メールチェックは何色になる？

Q 海外と仕事をしていて時差があるため、朝、海外からの新着メールチェックをしないとそもそも仕事の色分けができません。メールチェックは「刈り取り（緑）」と「種まき（赤）」のどちらに当たりますか？

A メールチェックで朝の情報を仕入れることは、1日の仕事の戦略を練るにあたり重要なことなので「種まき」としていただいて結構です。

しかしメールの中身についてはすぐ対応すべきもの、そうでないものがあるので、慣れてきたらメールの内容についても色の判断をしていきましょう。メールの対応の所要時間は状況により変わると思いますが、自分なりのルールをもって、なるべく限られた時間でやるとサクサク進みます。だからこそ邪魔の入らない朝1時間の間に「種まき」タスクを進めましょう。

例・メールの中身をざっと眺めて緊急度、重要度をはかる↓「種まきの赤」（15分）

・対応を分類する↓「種まきの赤」（20分）
・個別対応をする↓「刈り取りの緑」（20分）

色分けに関するQ3

どうしても日々「刈り取り（緑）」業務に追われてしまう

Q 毎日仕事を進める上で、現時点ではやはり「刈り取り（緑）」業務に追われてしまい、それを早く処理して「種まき（赤）」へと移行しようとしても、どうしても「刈り取り（緑）」が堆積してしまい大切なことに手をつけることができません。

A 「刈り取り」の堆積についての悩みはどんな人にも起こり得ます。一定の期間をおいて、「刈り取り」全体を見直し、仕分けをし直すプロセスをスケジュールに組み込みましょう（この「仕分けの見直し」自体は「種まき（赤）」に当たります）。

私の場合は、『朝活手帳』にある「今月の振り返りシート」を活用しています。

・連絡したい人
・今後進めたいプロジェクト

・将来やりたいこと
・提出する課題
・読みたい本・資料
・そのほか気になること

を手帳を見なおして月末に整理し、1ヶ月処理しなくても支障がなかったものに関しては、思い切ってやめるようにしています。やめて支障があれば、復活すればいいだけの話ですし、案外支障がないことが多いです。

洋服の整理などでも、2シーズン着ないものは捨てても、結局着ないので生活に支障がなかったりしますよね。それと同様で、たまった「刈

り取り（緑）」を全部処理しきれるものではありません。時間が経つことで「刈り取り（緑）」から「塩漬け（黒）」に降格することもあるので、1ケ月ごとに整理すると心理的負担も減るようになります。

色分けに関するQ4

「刈り取り」の緑と「種まき」の赤の区別で迷う

Q 一般的に「刈り取り（緑）」と「種まき（赤）」の区別で迷うことが多い気がします。「緊急性」の定義が人によって・状況によって曖昧なのが理由だと思いますが、どうしたら迷わずにすみますか？

A おっしゃる通り、緊急性というのは日々状況に応じて変わるものですし、主観的なものなので、食いぶちと種まきの区別に迷うのは仕方がないことかと思います。同じ仕事でも今日「種まき（赤）」だったことが明日は「刈り取り（緑）」になることもあり得ます。「刈り取り（緑）」は「緊急×重要」なことなので急かされているイメージがありますが、**「刈り取り（緑）」が一律に悪いわけではなく、まいた「種」が実って**

刈り取りになるのは望ましいことなのです。迷っているときは自分の志向（ワーク&ワーク、ワーク&セカンドジョブ、ワーク&インベスト、ワーク&プライベート）が定まっていないことが多いので、いったん自分の志向を見なおしてみましょう。

なお、実は色分けで重要となるのは、分類が間違っているかそうでないかではなく、その場で「刈り取り（緑）」か「種まき（赤）」かどうかを瞬時に決めることができるようになることです。ですから、ご自分がそのとき思った分類で判断して結構です（色分けをしておけば、仮に色分けの判断が間違っていても後ほど振り返ったときに、思考が色で可視化できます）。

ただ、どうしても「緊急性の感覚が曖昧だと気持ちが悪い」というのであれば、たとえば自分なりのルールで「3日以内にできるものが刈り取り（緑）」「それ以上かかるものが種まき（赤）」など、数字を設定していただいてもかまいません。

色分けに関するQ 5

「種まき（赤）」の中にほかの色が入れ子になってしまう

Q 「種まき（赤）」タスクを分解すると、分解されたタスクのうち最初に取り組むべきものは必然的に緊急性が高くなってしまいます。その場合、入れ子のように「種まき（赤）」にほかの色が混じりますが、それでいいですか？

A 「種まき（赤）」のタスクを分解すると、中に「刈り取り（緑）」や「間引き（青）」などが混じってきます。作業タスクとしてはいろいろな色が混じった入れ子のような状態になります（そこまで色分けするのがベストですが、慣れるまでは混乱するので色分けする必要はありません）。従って、「朝1時間」ですすめるタスク分けは大きな意味の「種まき（赤）」作業ですが、具体的なタスクとしては「刈り取り（緑）」や「間引き（青）」作業になってもかまいません。

色分けに関するQ6

競合他社リサーチの色分けはどうするか

Q 競合他社がどんな会社なのか、ホームページを見て調査を行う仕事は何色になりますか？

A 大きな意味では新規事業開拓のための投資なので「種まき」ですが、ホームページを漫然と見るとだけ決めてしまうと見るべきポイントが分からないまま、ただ時間が経ってしまい、「塩漬け（黒）」になる可能性があります。「種まき（赤）」を細かく手順分けして「粒」を細かくすることが大切です。

たとえば次のように細かくしましょう。

・競合他社のパートナーのどの情報を探すかを決める（種まきの赤）
・比較表を作る（種まきの赤）
・特定のキーワード検索で情報を探す（雑務だが調べないとはじまらないので間引きの青）
・比較表を埋める（埋めるだけなら誰でもできるので塩漬けの黒）

慣れてくると、入れ子になるタスクの色分けも自然にできるようになりますが、いまの段階では調査は「種まき」と思っていただいて結構です（余力があればすべきタスクについても色分けしていくと手順も見える化できていいです）。

色分けに関するQ7

業務中の急な相談の色分けはどうするか？

Q 在席時に持ちかけられた業務相談は、緊急度が高いとして「刈り取り（緑）」となりますか？　それとも「間引き（青）」や「塩漬け（黒）」の場合もありますか？

A 持ちかけられた業務相談は、持ちかけた側からすれば「刈り取り（緑）」ですが、持ちかけられたあなたから見てどう感じるかによって「間引き（青）」や「塩漬け（黒）」の場合もあります。仕事において達成感や充実感を得ることが今回の色分けの目的なので、「自分がどう感じるか」で色分けしていただいてかまいません。

たとえば、本来きちんと根回しをしていれば防げたはずのクレーム対応が急ぎで発生した、という場合は、無駄な二度手間が発生したという意味においては「間引き（青）」かもしれません。

前述したとおり、色分けで重要となるのは、分類が間違っているかそうでないかではなく、その場で瞬時に決めるようになることです。ですから、ご自分がそのとき思った分類で判断していただいて結構です。

毎週・毎月の「タスクの棚卸し」でやり残しを防止する

Q&Aでも言及しましたが「刈り取り（緑）」に追われ、「種まき（赤）」へと移行しようとしても、どうしても「刈り取り（緑）」が貯まってしまってストレスになる、ということもあるでしょう。そこで、毎週・毎月・3ヶ月〜半年に一度のタイミングで、自分のタスクを棚卸しする作業が必要になってきます。先延ばしししているタスクやなかなか着手できていないこと、腰を据えて進めていきたいことを書き出してみましょう。

具体的には、朝イチのタスク書き出しにも使っている次の項目を、**週に一度、見なおす時間を設けてみましょう。**私の場合は『朝活手帳』のスッキリリストを活用し、月曜の朝1時間のうち、30分はこの作業に充てるようにしています。

・連絡したい人
・今後進めたいプロジェクト
・将来やりたいこと

・提出する課題
・読みたい本・資料

1週間も経つと、だいぶ片づいているタスクもあれば、全然進んでいないタスクも見えてきます。

この段階で一度、「来週に持ち越すべきか否か」を判断します。ここで、持ち越さなくても支障がないと判断したものに関しては潔くやるのをやめてしまいます。

持ち越すことに決めた場合は、「やり残しになってしまった」と落ち込むのではなく

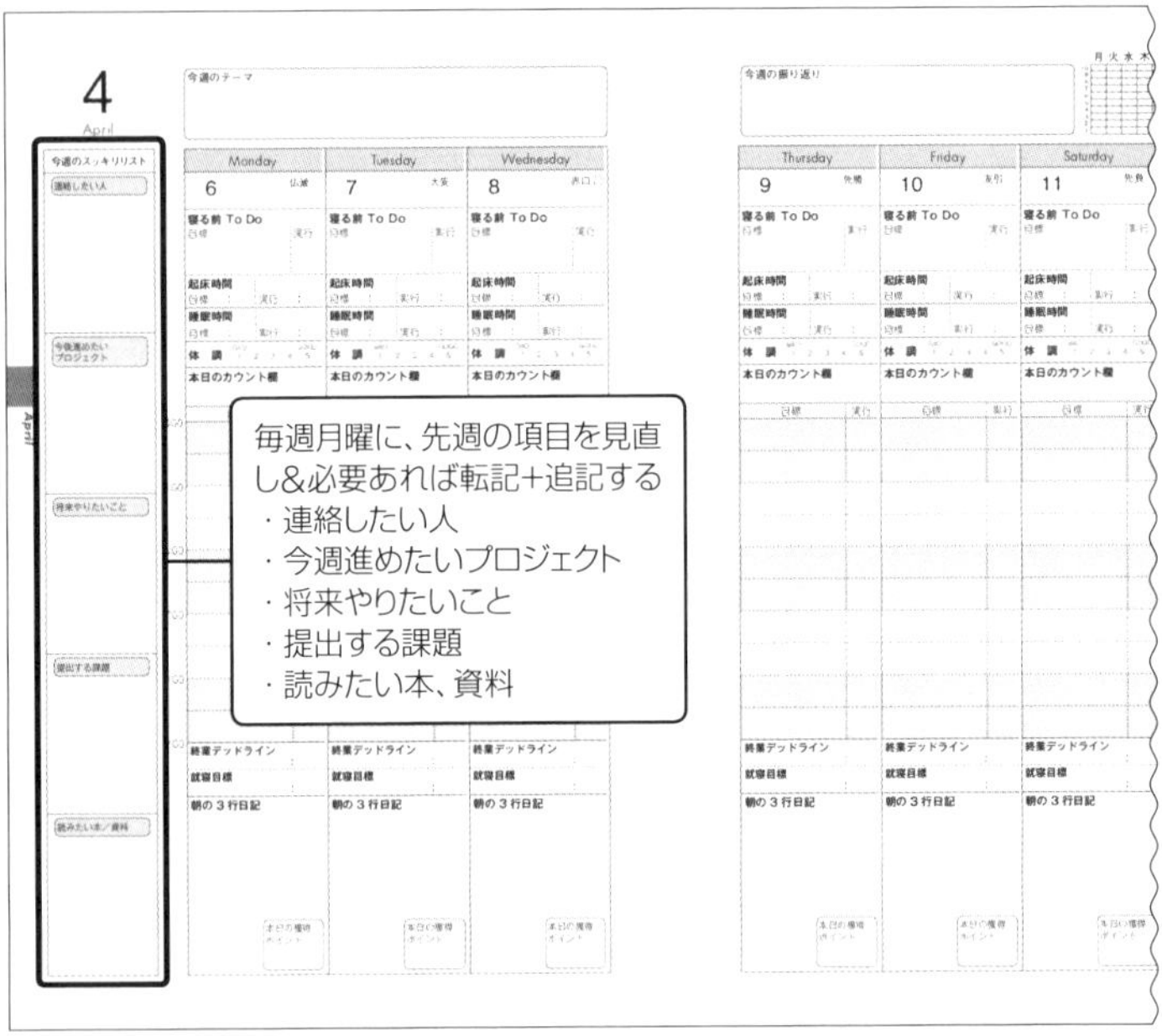

「戦略的先送り」とラベルを変えて、来週また新たにタスクに組み込むようにしましょう。同じように、1ヶ月の終わりには全部のタスクをもう一度見なおし、「棚卸し」します。

このプロセスを経ることにより、できなかった自分を責めるのではなく、自分ですべきことを選んで、来月に持ち越すことに決めた！　と切り替えることができます。

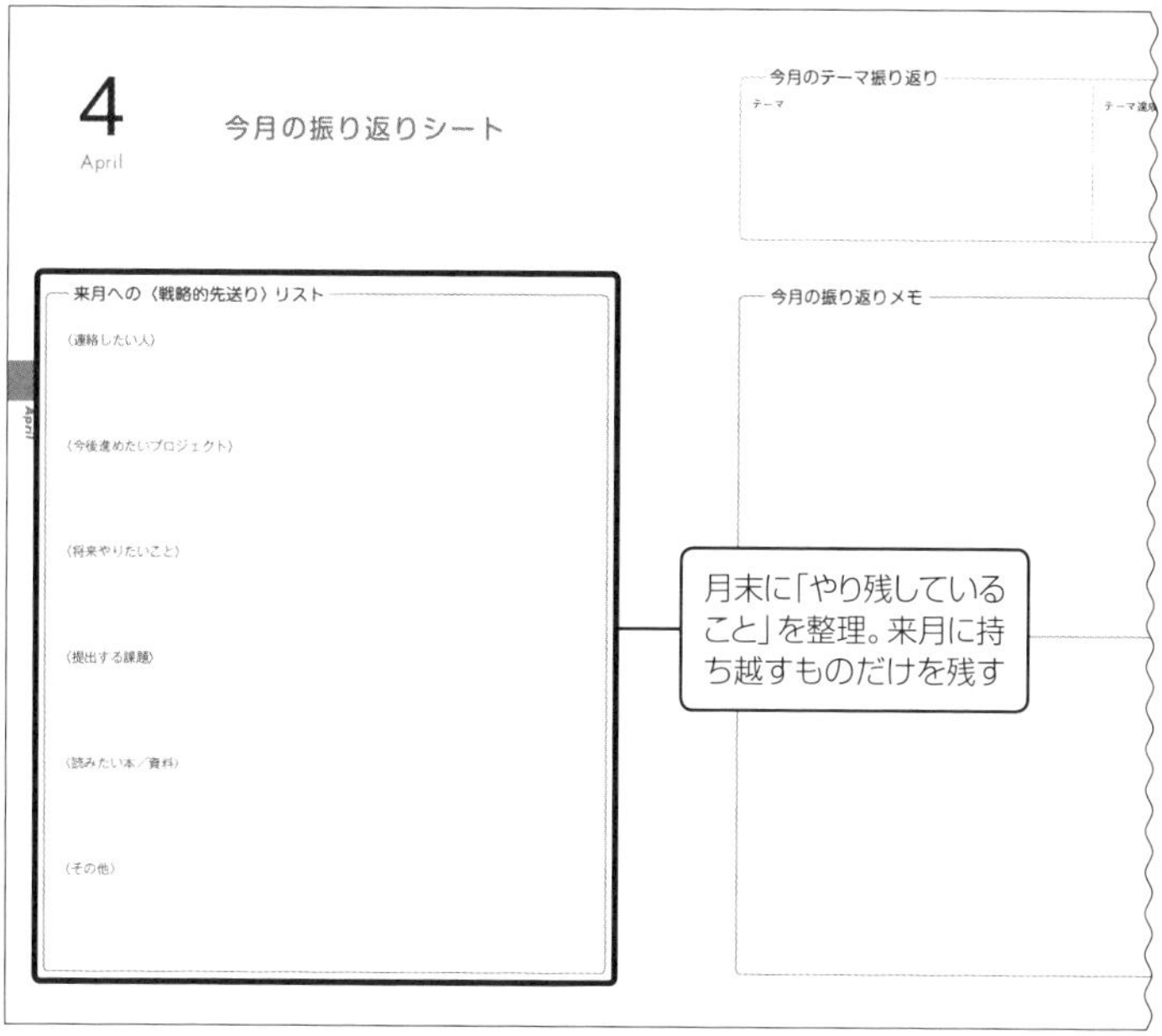

「やり残し」は「戦略的先送り」と言い換えて毎週リセットする

真面目な人ほど仕事になかなか「キリ」をつけられず、遅くまで働いてしまったり、タスクをめいっぱい詰め込んだりしがちです。1日でカタをつけないと眠れない、という脅迫観念から、疲れた頭で細かい作業を遅くまでしてしまい、結局計算ミスなどで家に帰るのが遅くなる、という方も多いのではないでしょうか。そんな人におすすめしたいのが先述した「**戦略的先送り**」という考えです。

そもそも、タスク分けのコツは「やれなかった」にフォーカスして落ち込まないことです。

繰り返し書いていてもそのタスクを潰せないのなら、何かほかに原因があるはずです。もしかしたら、本当に心からやりたいと思っていないのかもしれませんし、別に問題なく日々が回っているのであれば、それは実は必要がないこと（塩漬けの黒）かもしれません。やれなかった、と落ち込むだけで解決策も講じないなら、いっそのこと自分にとって必要がないことだと思って潔くやめてしまいましょう。

どうしてもやめられない、やめたくない、でもまだ潰せていないタスクは、**「戦略的先送り」**と名前を変えて再度チャレンジしていきます。

「やり残しリスト」を作ろう、と思うと、毎月やろうやろうと思っているのに結局やれていないものや、実はやらなくても毎日に支障がなかったものまで大事に記入しようとしてしまいます。しかし「戦略的先送りリスト」なら、モヤモヤしているタスクは思いきって捨ててしまうこともできます。このプロセスを経ることにより、だらだらとしてできなかった自分を責めることなく、「自分ですべきことを選びとり、来月に持ち越すことに決めたんだ！」と意識的に「仕切り直し」ができるようになります。実はこの手法、アメリカで考案された「AI: Appreciative Inquiry」という、シカゴ大学で研究されている組織開発の手法と同じだと友人に教えてもらいました。実際に行動自体のラベルを変えることで行動がいい方向へ向かうという研究結果も出ているとのことです。

達成率は8割でOKとゆるく考える

最初から完璧にタスク分けを実行しようとすると、たった1日思い通りにできなかっただけで「もういいや」とあきらめがちになります。まずは8割達成でOK、といったようにゆるい感じではじめてみましょう。

- 1週間頑張って、万が一できなくても土日で追いつけるくらいの量に決める
- 1週間・1ヶ月ごとにタスクを見なおし、必要によって「戦略的に先送り」する

これがモチベーションを維持するポイントです。これなら、「平日が無理でも土日がんばろう！」「今週が無理でも来週はがんばろう！」といったようにやる気を途切れさせることがなくはじめることができますよ。まずは1週間単位で試してみましょう

3〜6ヶ月に一度夢への解像度を上げ下げする

毎日の「朝1時間」のタスク分け作業は、目の前のことを積み上げていく思考法です。しかし、「積み上げ」だけを毎日続けてしまうと、全体像をつい忘れてしまいがちです。たとえばダイエット、語学の勉強、ブログを書く、資格試験の勉強、セミナー受講などを毎日コツコツと続けていくことはとても大切ですが、コツコツやりすぎるうちに、いつの間にか手段と目的が混同し、なんのため、誰のためにやっているかが分からなくなってしまうことにもなりかねません。

「朝1時間」のタスク分けも、それだけに集中してしまうと、状況の変化に気づかず「とにかく目の前のタスクを片づけなければ」と手段の目的化が発生してしまいます。これを防ぐために、3〜6ヶ月に一度、**マインドマップ**と**ガントチャート**を活用し、「鳥の目」を取り戻すようにすることをおすすめします。

マインドマップとは、イギリスの著述家、トニー・ブザン氏が提唱する思考整理の方法で、中心にキーワードやイメージを置き、そこから放射状にキーワードやイメージを広げ、つなげていく方法です。詳しいやり方は『ザ・マインドマップ』(ダイヤモンド社)を一度読んでみることをおすすめします。私の場合は中心にグランドデザインを入れ、放射状にすべきことを広げていきます。

この作業を進めると、「誰が」「何を」「いつまでに」「どうする」が明確になるので、それをもとに次に「ガントチャート」を作成します。ガントチャートとは工程管理に用いられる表の一種です。仕事で使っている方も多いのではないでしょうか。3～6ヶ月を見通せる手帳があれば、代用してもかまいません。

マインドマップで思考を広げ、その後具体的に何をするかをガントチャートでまとめておけば、「朝1時間」のタスク管理が「虫の目」になりすぎず、手段と目的の混在を防ぐことができます。

タスクの「粒度」は、マインドマップ→ガントチャート→モーニングページ→「朝1時間」の種まきとなります。毎日の習慣としては「朝1時間」をベースにしつつ、大きな流れを定期的に見なおしたいときには活用してみてください。

マインドマップ

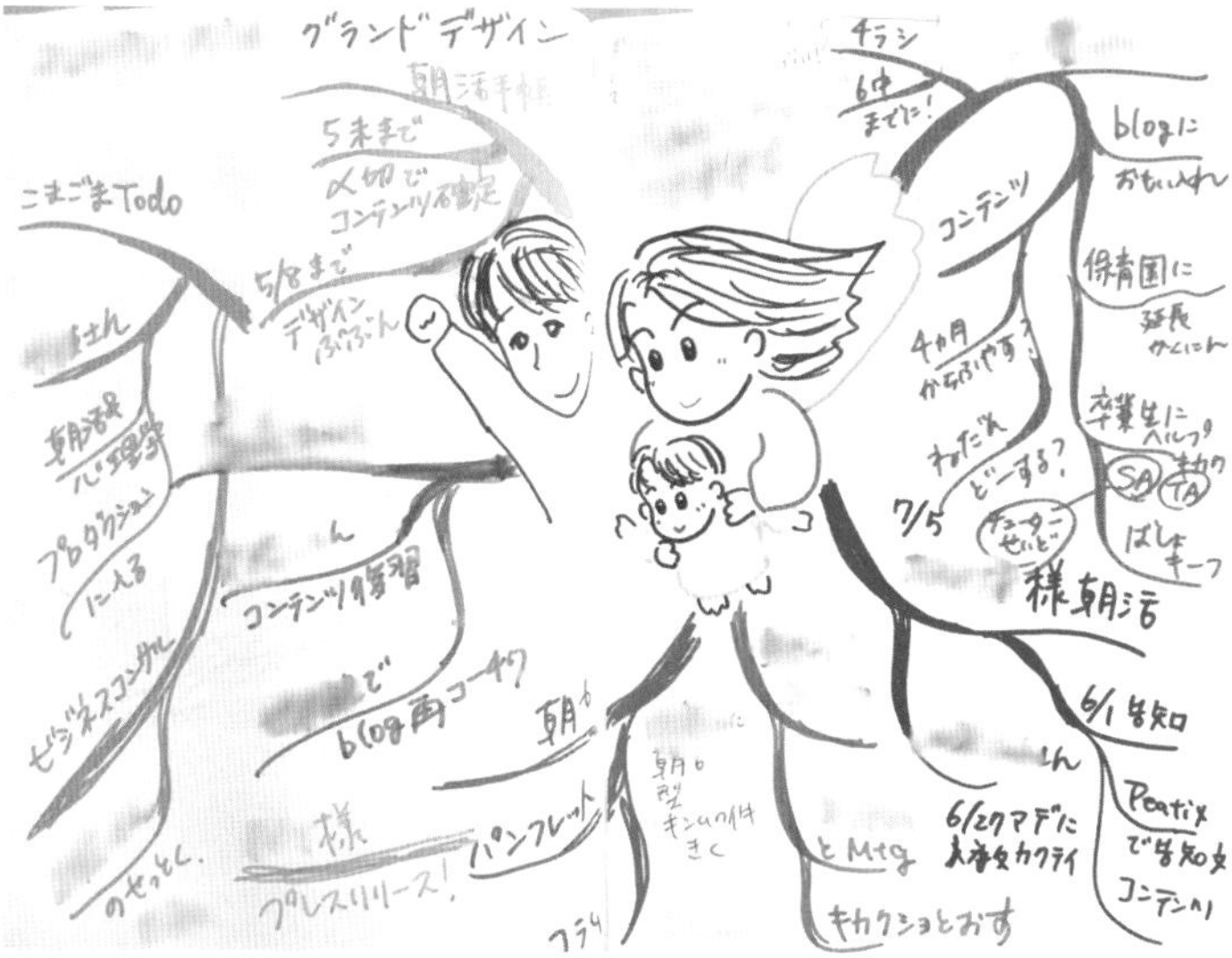

マインドマップの枝をガントチャートに落とし込む

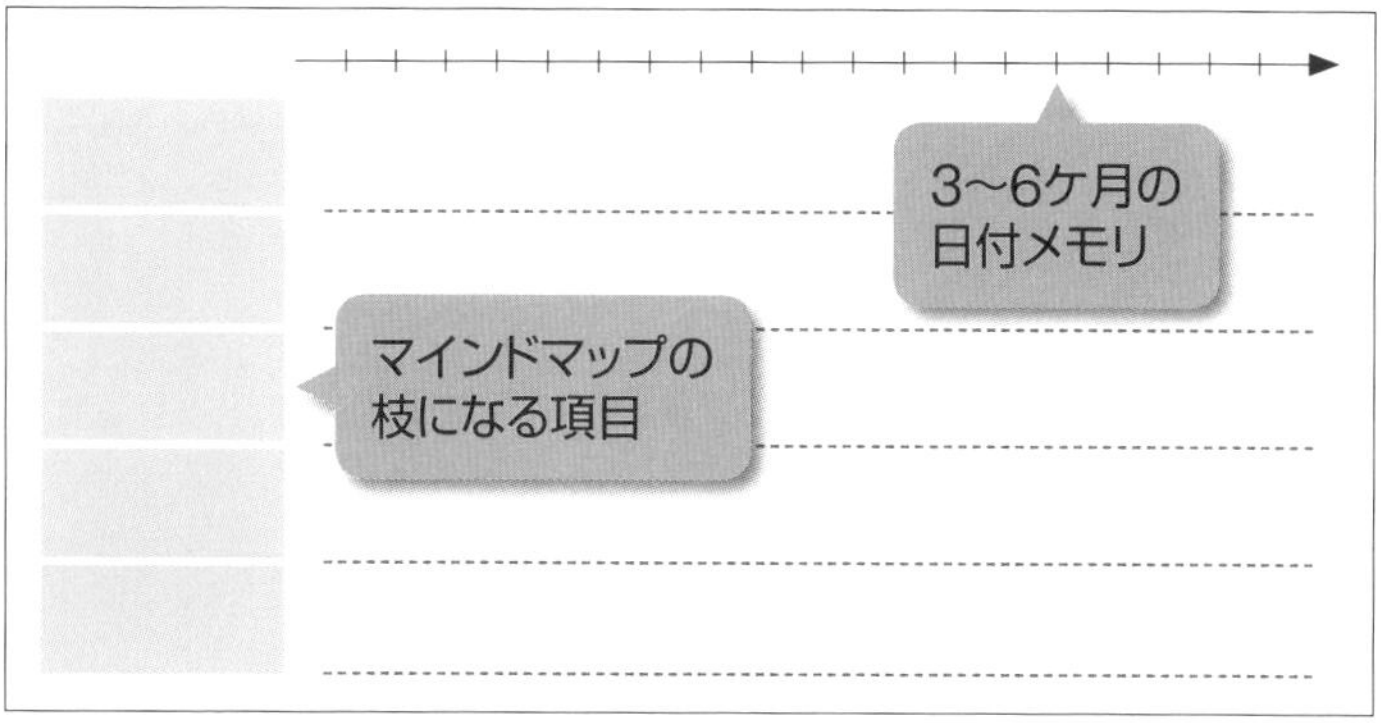

逆算思考の落とし穴とは

今回紹介した「朝1時間」のタスク分けの手法は、最初に目標を定め、それに向かって計画を進める逆算型ではありません。目の前のことを積み上げていく「積み上げ型」です。

人生をよりよいものにしたいと考えたとき、ときに逆算思考は夢の邪魔になると私は考えています。もちろん前項で紹介したように3ヶ月〜半年単位、1年単位でざっくりと「鳥の目」で目標を俯瞰することは必要ですが、それ以上の緻密な計画は必要ありません。あまりにもキッチリ逆算して立ててすぎてしまうと、その計画に自分自身が縛られ、予想もしなかった、もっ

次の順で、より解像度が上がっていくイメージ

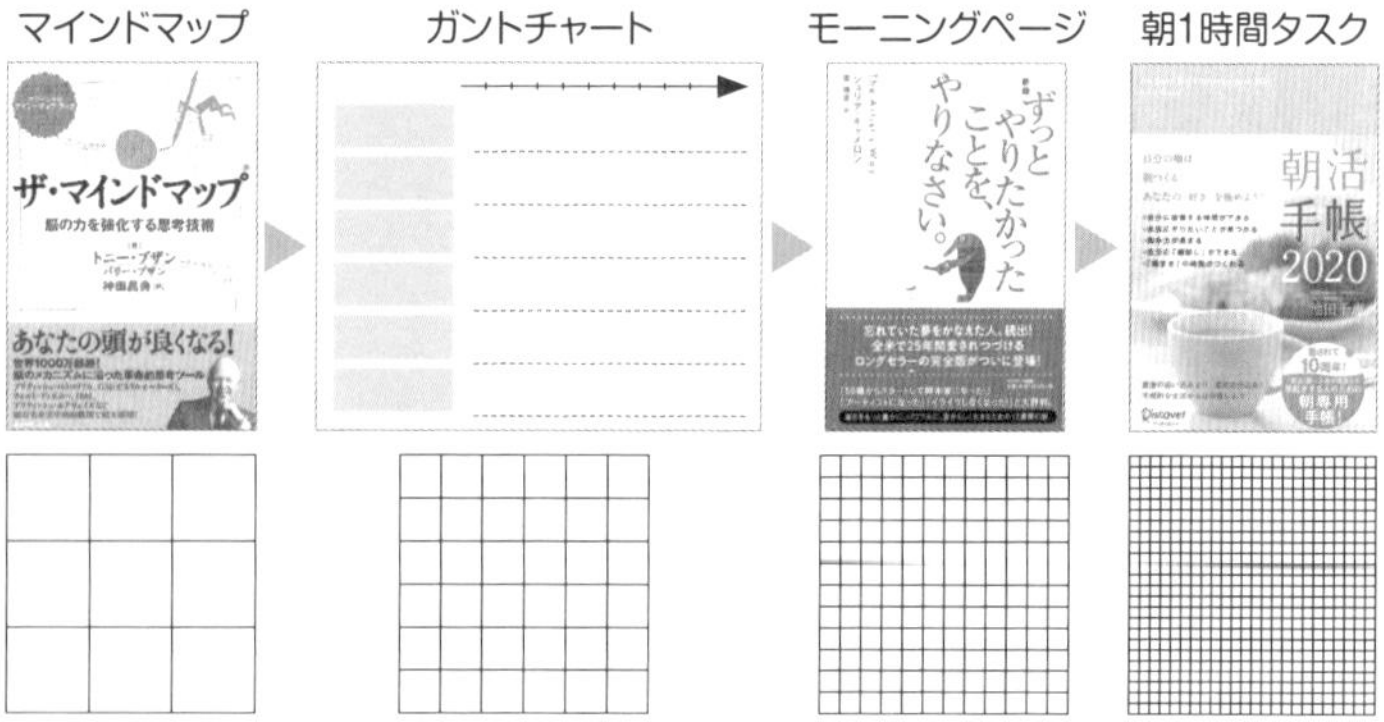

と良い未来へのチャンスを逃してしまう可能性が高いからです。

3年後、5年後、いま勤めている会社が「何屋」になっているかすら不確定ないまの時代、未来を正確に予測することは難しいですし、将来もっと経験や分別のある人間になっている自分が、過去に立てた緻密な計画に振り回されることがいいこととは思えません。

スタンフォード大学のジョン・クランボルツ教授が提唱しているのが〝計画された偶発性＝プランド・ハプンスタンス・セオリー〟です。クランボルツ教授によると、キャリア形成のきっかけは80％が「たまたま」だそうです。たまたま自分に振ってきたチャンスをどう捕まえるかが将来の鍵を握ります。本書で提唱したように、ライフステージや置かれている立場によって変化する「志向」を確認し、どこかひとつの「志向」に軸足を置き、もう一つの足をほかの「志向」に置きつつ柔軟に計画を立てていきましょう。

Section

3

「後半30分」で夢への「種まき」を進める

こんなとき、どうする？
——将来を見越した「種まき」の仕分け方

前章では前半30分でタスクを段取る「種まき」分解法を紹介しました。この章では困ったときの対処法や、仕事だけでなく、将来につながる「種まき」をどうタスク化していくかについて解説していきます。

やる気が出ないときは「書かなくても分かる」をタスク化する

「朝1時間」のタスク分けを進めていく中で、なかなかタスクをつぶすことができずにモチベーションが下がるときもあります。そんなときはタスクの「粒度」が大きい場合が多いです。

そんなときは、あえて**「書かなくてもできる」ことをタスク化してみると、粒を細かくするコツが分かる**ようになります。

一例として「家の中を片づける」を分解してみましょう。

1. リビングを片づける
2. キッチンを片づける
3. 書斎を片づける
4. お風呂を片づける
5. 子ども部屋を片づける
6. クローゼットを片づける

場所の軸で分解すれば、タスクは6つに増えます。6つのうちいくつできたかを数えることができるので、進捗が見える化できます。

さらに細かく、「片づける」を分解してみましょう。

1. いらないものを捨てる
2. 散らかったものを元にもどす
3. 掃除機をかける
4. 拭き掃除をする

片づけ方で分解してみると、「家の中を片づける」のタスクは、少なくとも場所軸6×片づけ方軸4＝24個以上あることになります。

これだけリスト化すれば、1個もクリアできなかった、ということはあり得ません。この手法だと達成率も計算できるようになり、どうしてできたか、できなかったか、原因も分析できます。タスクを「できた！」と思って消せる達成感もたくさん味わうことができるようになり、自己肯定感が上がります。

モチベーションが下がったときのポイ

To Doの「粒」を細かく分ける

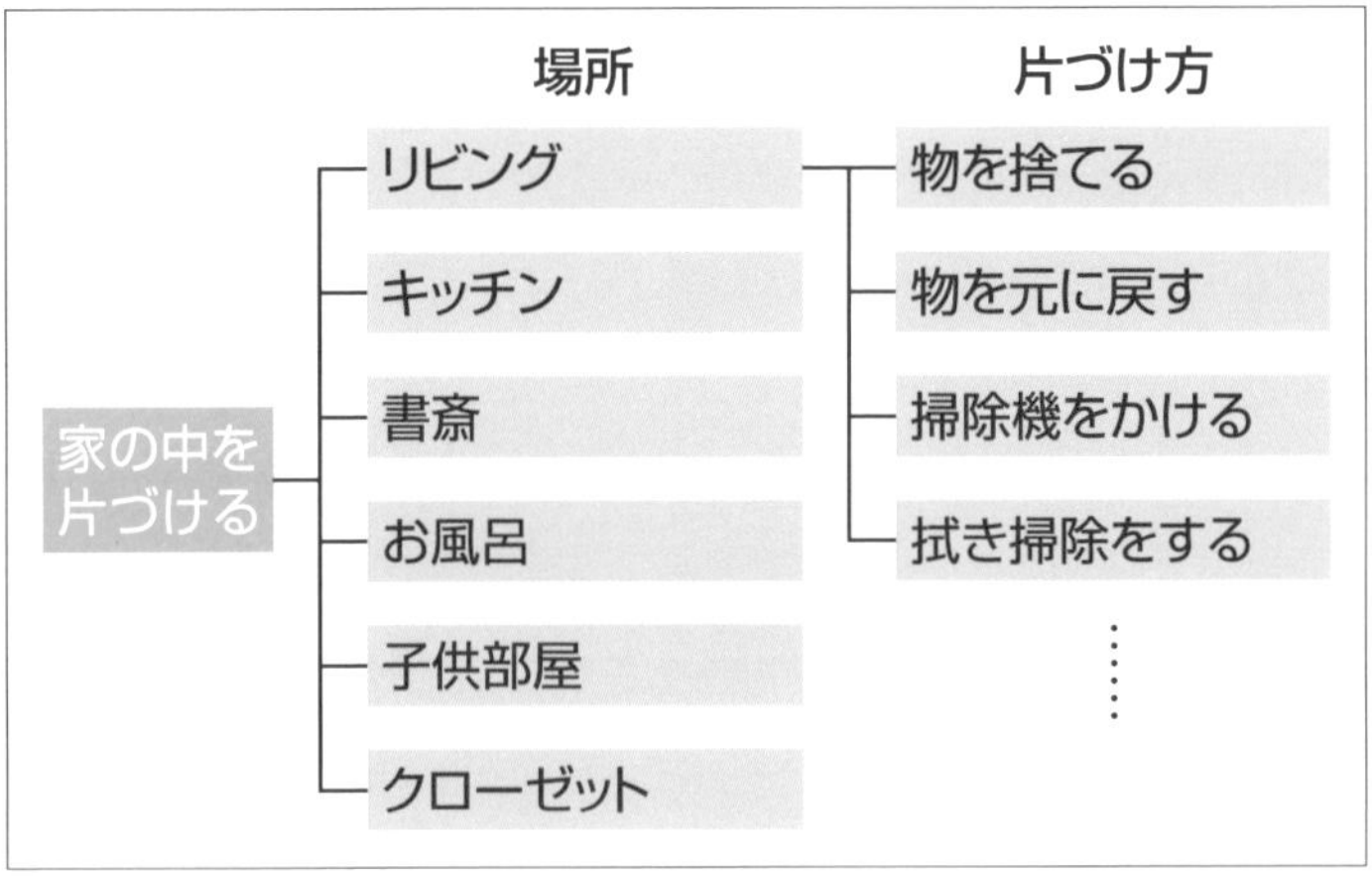

ントは、**「書かなくても覚えている」ような些細なことも、躊躇《ちゅうちょ》なく書き込むこと**です。

掃除の仕方に自分なりのルールを持っていて、いちいち書き出さなくても分かるという場合も、達成感を得ることを目的にあえて書き出しておきましょう。書いたことを少しでも終わらせることで、「自分は作業を進めている」と実感して前に進むことができるようになりますし、「忘れないようにしないと！」と頭を使う必要がなくなります。

試してみてください。

コントロールできる悩みに注力し「モヤキャリ」を打破

自分の志向（ワーク&ワーク、ワーク&セカンドジョブ、ワーク&プライベート、ワーク&インベスト）により優先順位は変わると前述しましたが、自分がどのタイプを目指したらいいのか、将来どうなりたいのかモヤモヤしている人もいますよね。

このような状況から抜け出すためには、「朝1時間」を使って、目の前の「コントロールできること」に注目して優先順位をつけることです。それがあなたにとっての「種まき」になります。頭の中にある不安を、頭から一旦放出して外から眺め、悩みやストレスを「見える化」して分類をしていきましょう。

手順は次の3つです。

1. 悩みや不安の原因を「1テーマ1ふせん」でランダムに書き出す
2. 横軸に時間軸、縦軸に解決できるかどうかで表を作り、1の悩みを分類する

3. 自分が動くことで解決しない（コントロールできない）悩みは心配するのをやめ、自分が動くことで解決する（コントロール可能な）悩みに注力。短期的なものから徐々に解決策を考えていく

ポイントは、頭に思いついたものを順番や悩みの大きさを気にせずに記入し、頭の中のモヤモヤを空っぽになるまで「ふせん」に吐き出すことです。

たとえば、

- 責任がある仕事を任せてもらえない
- 会社が倒産するかもしれない
- 先月の仕事の大失敗がトラウマになった
- 会社をリストラされたらどうしよう
- このまま彼氏ができなかったらどうしよう

など、仕事・プライベートの区別なく、思いついたまま、自由に書いてみてください。

その後、次ページのような表にペタペタと、先ほど書いたふせんを貼りつけていきま

悩みやストレスの「見える化」の例

コントロールの可否	不安	解決策	不安	解決策	不安	解決策
可	やることが多すぎて忙しい	やるべきことをひとつひとつ書き出して把握する	上司に評価されていない	評価されている人を分析して評価ポイントを研究する	出会いがないから結婚できないかもしれない	出会いのある場所に積極的に顔を出す
不可	先週プレゼンがうまくいかなかった		同僚が自分より先に出世してしまった		会社が倒産するかもしれない	
	短期		中期		長期	

不安の時間軸

す。この作業のメリットは、悩みの大きさや時間軸など、頭でぐるぐる考えているだけでは解決策が見えてこない問題を、一歩離れた視点で見つめなおせることです。

じつは私たちは、すでに起きたミスを後悔したり、起きてもいないことを心配したり、「自力ではどうにもならない悩み」を考えては、ため息をつくことが多いのです。

たとえば、「同僚が自分よりも先に出世してしまった」事実を、「どうしよう」と悩み続けても、同僚が先に出世したという「事実」は変わらないわけですよね。だったらクヨクヨ考えている暇はない、と割り切り、逆に同僚の出世ポイントを分析してみよう、と思うことができたら、足を引っ張ったり嫉妬したり、というネガティブな行動からは決別できます。

このように、頭では分かっていても感情についい引っ張られて割り切れないことも、「朝1時間」を活用することで心を整理整頓して前に進む力とすることができます。もちろん天災や景気の動向など、どうにもならなくても備えておかなければいけないこともありますが、解決可能な問題に注力し、目の前のことを一生懸命やろう！　と心を定めるためにも、定期的にこの作業をしてみることをおすすめします。

なお、横軸は時間軸になっているので、まずは手をつけやすい短期的問題から解決策を考えていくと、徐々に頭がスッキリしてくるのが分かるはずです。その勢いで中期的、長期的な問題にも取り組んでいきましょう。

「コンプレックス」と「できること」に強みが隠されている

「いまの職場では力を発揮できない」「この仕事は本当にやりたいことではない」という思いにはまってしまうと、どの志向で優先順位をつけるべきか戸惑うこともあるでしょう。そんなときは次の2つを「種まき」としてやってみてください。

1. 「自分がコンプレックスだと感じていること」を書き出す
2. 「自分が当たり前にできてしまうこと」を書き出し、周囲が「すごい」と言ってくれるかを確かめてみる

順番に解説します。

1. 「自分がコンプレックスだと感じていること」を書き出す

「コンプレックスだと感じていること」を書き出す理由は、自分が「苦手だ」と思って

いることに、強みややりがいが隠れていることが多いからです。実は「○○の専門家」と言われる人は、「○○」が得意だったからではなくて、苦手意識を持っていたからこそ、体系化したり研究したりしている場合が多いのです。モテテクを教えている人はモテなかったから必死に「モテ」研究していたし、私だって早起きができなかったから工夫した結果「朝活」を伝えているわけです。

私の周囲は人前で教える立場の人が多いのですが、人の気持ちを考えるのがずっと苦手だったから、相手の気持ちを配慮できるような話し方の先生をしている人や、公認会計士試験に一度も受からなかったけど、公認会計士試験を研究しまくったお陰で人気ナンバーワンの講師になった人など数多くいます。もともとできる人は、苦労しなくても自然にできるから法則を体系化できません。でも**「できない、でもできるようになりたい」と思い続けている人は、できるまでのプロセスを丁寧に追うことができる**のです。だから、コンプレックスはあってもいいし、コンプレックスがあるからこそ、それをことさらに意識することがあなたの強みにつながります。

コンプレックスは強みの裏返しということを知っておくと、次々と起こるトラブルや落ち込みにも冷静に対処できるようになります。視点が変わるので、日々の出来事が楽しくなります。

あなたの「普通」は誰かの「すごい」。皆さんの中にも必ず、コンプレックスの裏返しで得意になるものがあるはずなので、ぜひ書き出してみてください。

2. 周囲が「すごい」と言ってくれるかを確かめる

次におすすめするのが、自分が当たり前にできてしまうことを書き出し、周囲が「すごい」と言ってくれるかを確かめてみることです。

私の場合、「朝4時起き」が自分の中で長い間習慣となっていたので、あまりにも普通すぎて、自分がほかの人とはちょっと違うということに気づかないまま朝4時起きを続けていました。

ある日「朝4時起きをしている」という話を、ランチ中に何気なく伝えてみたところ、皆の目の色が変わって、「何時に寝るの？」「なんで4時起きなんてしてるの？」「どうやったら起きられるの？」とものすごい勢いで質問されたのです。その内容が面白い、ということで、２００９年に『「朝４時起き」で、すべてがうまく回りだす！』（マガジンハウス）の出版が決まりいまに至ります。

このように、自分の中で「当たり前すぎて言うまでもない」と考えていることは、実はほかの人にとっては、ものすごく貴重なことかもしれません。

ただし注意すべきは、自分のすごさは自分自身でなかなか気づかないため、「もしかしてこれは意外とすごいかも？」と思ったことを周囲に発信して反応を見てみましょう。

発信するときの指標になるのは、「すごい」とどのくらい言われるかです。そのためには当たり前にできていることを10個書き出して、それぞれ「すごい」の数を比べることで自分の強みを探してみましょう。数でなく、Facebookの「いいね」の数や、ツイッターのリツイートの数で比べるのもいいかもしれません。

このように、「朝1時間」の「種まき」で自分について書き出すことで、とらわれや思い込みから解放されます。定期的に時間を作ってぜひ書き出してみてください。

希望的観測のタスク化には5W2Hを使う

「ワーク&ワーク」「ワーク&セカンドジョブ」「ワーク&プライベート」「ワーク&インベスト」……どのタイプも「こんな未来になったら最高だな！」とイメージするのは「種まき」にあたります。

そして、そのイメージがただの「妄想」で終わるか、きちんと「予定」として機能するかは「5W2H」の切り口でタスク化できるかどうかにかかっています。5W2Hとは、いつ（When）どこで（Where）誰が（Who）何を（What）どのように（How）なぜ（Why）いくらで（How much）という切り口です。きっとあなたも仕事上などで聞いたことがあるでしょう。これを仕事だけでなく、プライベートの妄想でも活用するのです。

たとえば、次のような妄想をするとします。

●海外のビーチリゾートに別荘を持ったあなたが、ベランダで海に沈む夕日を眺めつつ、のんびりビールを飲みながら大好きな本を好きなだけ読んでいる

●ダイエットに成功して、いままでは絶対に着られなかった、体の線がはっきり出る服を着て堂々と銀座の街を歩いている

このとき、夢が叶ったときに着ている洋服の手触りや、そのとき感じたいい香り、自分が食べている高級レストランのメニューや味まで、具体的に細かく細かく想像し、あたかもそれが現実になったかのように先取りしていい気分になってみましょう。

楽しい未来を想像し、幸せな気分になったあとは、それを具体化していくプロセスに入ります。「ビーチリゾートの別荘でのんびりするには」を5W2Hでさらに具体化してみると、こんな感じになります。

●たくさんあるビーチリゾートから、世界地図を広げたり、ネットで調べたりして、候補地を探す（Where）

●なぜそのリゾートがいいと思うのかを考える（Why）

- 何年後にその地に別荘を手に入れたいかを考える（When）
- そのころ、誰と一緒かを考える。家族は増えている？　友人はどんな人？（Who）
- そのリゾートに別荘を買うにはいくら必要かを考える（How much）
- いまの現状とその目標のギャップを埋めるために、いまからできることを考える（How）
- 別荘を手に入れるためにとても現実的とは言えない費用がかかるとしたら、ほかの方法がないかを考える（年に数ヶ月だけ借りるには？　など）（How）

5W2Hで細かく突き詰めると、思い描けずに行き詰まる箇所があります。行き詰まる箇所を認識できたらラッキーです。クリアするためにはどうしたらいいのかな？　というところまで深く深く考えることができるわけですから。そこまで落とし込むことができれば、妄想が現実になる確率は格段に高くなります。

こうしてできたプランの「How」の部分をさらに細分化し、はじめの一歩としてタスク化していけば、夢に一歩進むきっかけができます。妄想↓5W2Hを「朝1時間」の習慣にすることのメリットは、願望が具体的なプランとなっているためにこれがやりたい！」と周囲に伝えることを躊躇しなくなるということです。

「こんなことを言って結局できなかったら恥ずかしい」

「失敗したらどうしよう」

と心配し、やりたいことを心の中にとどめておくだけでは、せっかくのチャンスを逃してしまいます。

声に出すのは勇気がいることかもしれません。でも、きちんと時間を作り、しっかりと分析して、やりたいことを具体化していけば、何も恥ずかしいことなんてありません。仮に失敗したとしても、また５Ｗ２Ｈを使って計画しなおせばいいだけの話です。**「朝1時間」は毎日訪れます。いつだって、どこからでも始めることができます。**

朝読書を「種まき時間」にする方法

「ワーク&ワーク」「ワーク&セカンドジョブ」「ワーク&プライベート」「ワーク&インベスト」、どのタイプも、朝の読書を「種まき」としてとらえることは有効です。

朝読書のメリットは大きく2つあります。

・外部に中断されないから、集中できる
・本で得た知識を、ブランクなしにすぐ実践できる

私は朝読書のおかげで、クリアな頭でしっかり本の中身を理解し、サクサク物事がすすむ気持ちよさを味わうことができています。夜、本を読んで、「へぇーなるほど。試してみよう」と思っても、一晩寝ると何を試すのか忘れてしまうこと、よくありますよね。朝のまとまった時間で読書をすると、集中して読めるから意識が分散しない上、試してみよう、と思ったことをすぐに実践できるようになります。得た知識にブランクを

入れず、すぐに実行することで、さまざまなスキルアップが可能になるのです。

何も、スキルアップに限ったことではありません。たとえば朝読んだ雑誌にオフィス近くのおすすめランチ情報が載っていたら、今日のランチはそこにしよう、と決める。そんな些細なことでもいいのです。「いつか行こう」じゃなくて「今日行こう」と決めることで、また新たなお店情報ストックが増える。これもまた楽しいことですよね。

とはいえ、朝読書に向く本、向かない本もあるので、どんなジャンルでもやみくもに早朝読書がいい、というつもりはありません。

たとえば、恋愛小説やミステリーなど、ドキドキした気分を味わうようなものは、ワインやハーブティーとともに、ゆっくりと夜読んだほうが楽しめるのではないかと思います。つまり、夜は自分の感情を大切に扱うようなもの、「応用に時間がかかるもの」がおすすめです。「これってどういうことだろう？」「自分だったらどうするだろう？」というような、自分自身と対話するものを楽しむのもいいですね。読んだあと寝ることで、感情が整理され、熟成されていく感覚が味わえます。

反対に、朝は「すぐ応用できそうなもの」、自分の実際の行動につながるような情報をインプットするようなものを読むのがおすすめです。

　スピード感をもって物事を進め、仕事のエンジンを暖めるという意味でも、ノウハウ系の本や雑誌などの軽いものや、勉強している方は資格試験のテキストなどがいいでしょう（ただし、眠い頭で読むと寝てしまう場合があるので、手をしっかり動かしつつ、ノートを取るのをおすすめします）。

　このように、さまざまな目的によって本の読み方や応用の仕方は変わってきます。

朝は「すぐ応用できそうなもの」
夜は「応用に時間がかかるもの」を読む

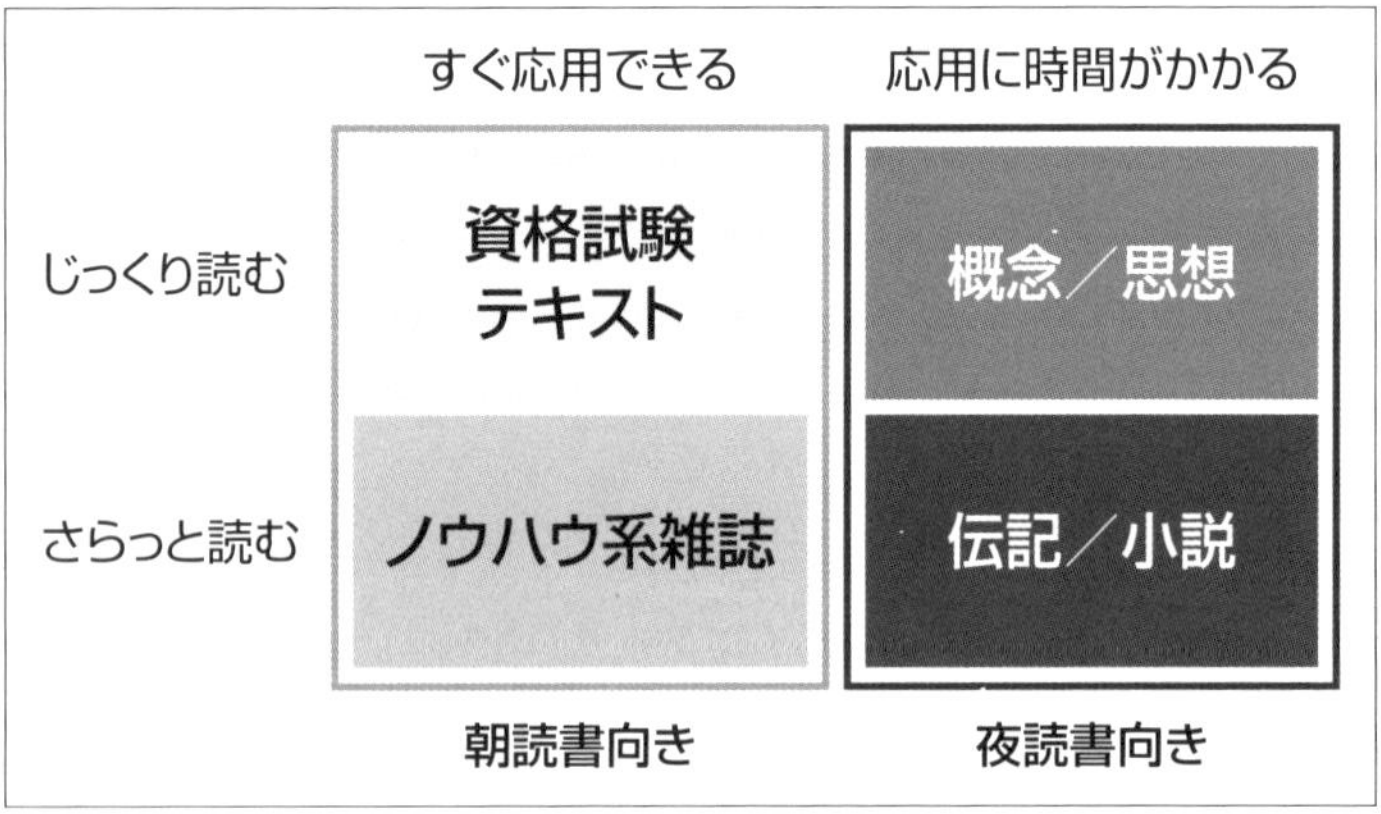

	すぐ応用できる	応用に時間がかかる
じっくり読む	資格試験テキスト	概念／思想
さらっと読む	ノウハウ系雑誌	伝記／小説
	朝読書向き	夜読書向き

仕事の「ひとりダメダシ」で客観的になれる

ワーク&ワーク志向の人は「朝1時間」も仕事を進める方も多いことでしょう。そんな人におすすめなのは、**プレゼン資料や提出資料を「ひとりダメダシ」してみるのを「種まき」とする**ことです。

プレゼン資料や提出する長めの文章は、なかなか手につかなかったり、逆に集中して気分が乗りすぎたりして、後で振り返るとちょっと支離滅裂になっていた、ということはありませんか？　そんなときは、文章を書いたり資料を作ったりしながら、ツッコミどころも一緒に書き出して「ひとりダメダシ」しましょう。私の場合は、連載や本の執筆のときも、文章を書きながら「ひとりダメダシ」をするようにしています。

具体的には次のようにします。

文章を書いていて論理に飛躍に気づいたとき、執筆を止めるのではなくて、「前の文章と後の文章で言っていることが違う」とか「何を偉そうに書いてんの？」「この話の流れ意味不明」「あとでデータの裏づけ必要」といった「心のつぶやき」「ツッコミ言葉」を、赤字で入れながら書くのです。

こうすれば文章を書く手は止まらないので、勢いのあるまま、ずっと文章を書くことができます。そしてあとで見直したとき、赤字のツッコミを気にしながら、もう一度文章を練り直すこともできます。この段階では文章がめちゃくちゃでも、とりあえず量は書けた、ということで達成感を得ることができます。その上で、何度も見直す際に冷静にこのツッコミ言葉を分析し、文章を整えるようにするのです。

これは自己客観化の訓練にもなる上、何度も冷静な目で文章を見直すことになるので、独りよがりの言葉がだんだん少なくなってきます。夜この作業をすると脳が疲れているのでダメダシも甘いのですが、朝なら切れ味がいいダメダシができるようになります。

仕事と人生に優先順位をつけるには

働き方改革に関する講演会で、「朝1時間」の仕事での優先順位づけについて話す機会があり、参加者から次の質問が出ました。

「目の前の仕事の優先順位と、将来役立つ仕事・やりがいのある仕事・自分のキャリアにつながる仕事の優先順位づけにいつも迷ってしまいます。たとえば、この企画は会社にとっても世の中にとっても絶対いいものだし、私も力を入れて取り組みたい！　と思うアイデアがあるけれど、直接の業務ではないから真っ先に取りかかることは難しく、折り合いのつけ方にモヤモヤしてしまいます」

「絶対いいものだ！」と信じている仕事はぜひ推進したいものですが、目の前の仕事も放っておくわけにはいかない……悩ましい問題ですよね。

目の前の仕事に追われて、やりがいのある仕事やキャリアにつながる仕事になかなか着手できないでいると、だんだん「このままで大丈夫かな」と不安にもなります。とはいえ仕事は好きだし、「こんな会社やめてやる！」と辞表を突きつけるわけにもいかないとき、現状の不満から楽しみを見いだすヒントを考えるのも「種まき」のひとつです。

たとえば次の2つを試してみるのも手です。

1. いまの仕事と将来の仕事の「かけはし」を考える
2. 会社に納得してもらえるほどの意義を考え、プレゼンする

順番に解説します。

1. いまの仕事と将来の仕事の「かけはし」を考える

まずは無理にでも「会社にとって絶対にいい」施策と、「いまやっている仕事」、それぞれの価値を見つけましょう。これを私は「かけはしをかける」と言っています。

たとえば、「『あいつが言うなら』と誰もが納得して自由な裁量で仕事ができるようになるために、目の前の仕事を1年間集中して頑張ろう！」でもいいですし、「今後副業解禁が加速すると、私がやっている事務代行の仕事はひとり起業家にニーズがあるはず。いまのうちにどういう事務フローだと商品化しやすいか考えておけば副業や起業したと

きに役立つはず」でもいいでしょう。

2. 会社に納得してもらえるほどの意義を考え、プレゼンする

もうひとつの方法は、決裁者にプレゼンしたらどうなるか？　をイメージし、実際にプレゼン資料を作ってみることです。

会社の未来にとって「絶対いい」と信じ、あなたが情熱をもって取り組める仕事が、どれだけ会社の未来を変えるかをまとめてみましょう。

ここで大切なのが、**会社の文脈で考えてみる**こと。会社の文脈とは何かというと、一言でいって「儲かるかどうか」です。「儲かるか」というと生々しいと感じる方も多いかもしれませんが、会社は利益の追求によって世の中をよくすることで成り立っているため、「社会にいい」活動を提案しても、それが「儲からない」のならGOは出ません。

ですから、たとえば会社の今期、次期の経営戦略や会社の創業時からの経営目的とリンクさせ、あなたの施策がいかに会社の「儲け」にとって必要不可欠かをプレゼンとして組み立ててみるのを「朝1時間」で試してみてください。

仕事に「種まき」がないと悩んだら？

「朝1時間」のタスク分けは企業研修でも紹介し、社員に実践もしていただいているのですが、一般職の方から次の質問をいただくことがあります。

「優先順位づけが大切なのはよく分かったのですが、自分の仕事はサポート的な仕事ばかりで種まきの赤が見つかりません」。つまり、自分にとって「種まき」にあたる仕事はないと感じているということ。そういうときは、どうすればいいと思いますか？

結論から言うと、**どんな仕事にも「種まき」は必ず存在します。**仕事を「誰にでもできる仕事」「種まきなんてない」という言葉でジャッジし、思考停止してしまうと、目の前にある大切な「種」を見落としてしまいます。

実は私もかつては自分の仕事を「種まきがない」と思って焦るひとりでした。コンサルティング会社勤務といっても資料作成のサポートスタッフでコンサルタントではありませんでした。本当は花形のコンサルタントになりたかったのに能力不足でなれなかった自分にウツウツとしていました。

毎日何百枚もパワーポイントの資料を作っていると、自分が「資料作成マシーン」のように思えてくることもありました。自分の名前で仕事がしたいと思っても、ただの作成部隊の一人だと思われている気がしていました。資料作成だけをしている部署は、当時コンサルティング業界以外に無かったため、転職しようにもできないと思っていました。

そんなとき、上司に言われた次の言葉で私の仕事に対する意識が変わりました。

「私たちの仕事は、ただのサポートスタッフではなく、会社のクオリティを維持する最後の砦《とりで》だ」

コンサルティングという仕事は、頭の中が商品です。形のない商品を、形として見えるものにするのが、私たちの部署でした。だからこそ、細部にこだわった美しい資料、分かりやすい資料を作ることが、この会社のブランドをしょって立つことになるのだ、という意味でした。

意味づけが変わった瞬間、見える世界が変わりました。

改めて自分の仕事を見てみると、資料作成の部署というのは経営戦略が作られていく過程を生で形として見ることができるすごい場所だと気づきました。資料を読み込むことで、企業が戦略を立てていくダイナミズムを少しですが伺い知ることができました。資料を読み込むと「こうしたほうが分かりやすい」と思えるようになり、表現方法を提案することも、徐々にできるようになりました。「意味」を見いだすと心構えも変わります。心構えが変わるまでは散々だった社内評価も、徐々に上がっていきました。

よくある質問 **自分の仕事はサポートばかりで「種まき」がない**

いまの仕事はつぶしがきかない

↓

つぶしが効く仕事は何か？ → 営業？

↓

どうして営業はつぶしがきくのか？
→ **コニュニケーション能力**

↓

営業的要素をいまの仕事に盛り込むには？
お客さまとの接点を増やす？
社内チームプレイができるようになる？

どんな仕事にも必ず「種まき」はある

自分の仕事を「作業」ととらえれば「間引き（青）」や「塩漬け（黒）」に見えるかもしれませんが、「価値」ととらえれば、会社の価値を底上げしている仕事、つまり「種まき（赤）」になります。

たとえば現場の事務工程に精通している人が全部ＡＩ（人工知能）やＲＰＡ（ロボットによる業務効率化）に取って代わられるわけではありません。「機械にもできる／機械には任せられない」作業の目利き力、判断力は磨かれます。「自分の仕事はしょせん機械にとって代わられる」と思って仕事をするのと、「自分の仕事は人間にしかできない目利き力を育む」仕事だと思って仕事をするのとでは、おのずと仕事への意義や楽しみの見いだし方は違ってくるでしょう。

いまある会社という環境を使って、せっかくだから自分のやりたいことを実現してやろう！　そう思えば日々の仕事にも張り合いがでてくるのではないでしょうか。

自分の仕事はサポートばかりで「種まき」がない、つぶしがきかないと思ったら、どうすれば「つぶしがきく」のか？　を「朝1時間」で考えていくのも立派な「種まき」のはずです。

「刈り取り」のマニュアル化も「種まき」になる

趣味のためにいかに家事や仕事を効率化するか？　を考えることも「種まき」に当たります。

時短や効率化を意識するときのポイントは「刈り取り（緑）」の部分をいかに機械的に処理できるかです。マニュアルを作って効率化する作業を「朝1時間」の種まきとして進めてみましょう。

マニュアル化では「数字で」「具体的に」を意識してください。「状況次第で」「必要に応じて」という曖昧な言葉を使ってマニュアルを作ると、その都度迷うことになります。判断の余地がなく、自分が機械になったかのように仕事ができる状態に作り込むことができれば、自分もラクなだけでなく、周囲にも共有できるようになります。

たとえば月イチの定例会議なら、会議前、会議中、会議後に関するタスクや作業内容をまとめておきます。

会議のマニュアル例

ToDo	いつまでに	作業内容
会議案内	7日前 7日前 3日前 1日前	□目的、テーマを伝える □予定日時を伝える □参加予定者を把握する □資料を印刷する
会議準備	30分前	□印刷物の枚数確認
会議中		□会議内容説明 □決定事項の確認 □役割分担の確認 □次回会議のスケジュールの確認
会議後	当日中	□議事録作成 □メール送信

プライベートのマニュアル例（乳児を育てる家庭の場合）

～7:30	～18:30	～20:10	～20:20	20:30～
朝起きたらセット	**帰宅後セット**	**ベッドにセット**	**お風呂にセット**	**リビングにセット**
□哺乳瓶洗浄 □パジャマからのお着替え □朝ミルク100cc □連絡帳記入 □ゴミ捨て □食洗機からお皿片づけ	□お湯を沸かしてポットに □離乳食解凍おかゆキューブ4個 □洗濯物取り込み □晩ごはん用ミルクセット	□おむつ4枚 □ミネラルウォーター1本 □ミルク180cc 3本 □加湿器に水 □バスタオル1枚 □枕タオル1枚	□バスタオル1枚 □顔用ガーゼ1枚 □ベビーオイル	□洗濯物 □パジャマ・肌着 □保湿ワセリン □ヘアブラシ □保育園お着替え □スタイ □おむつ5枚に名前ハンコ

ちなみに私の子どもがまだ1歳未満のときは、プライベートのマニュアルを作っていました。「朝起きたら…朝ミルク100cc／連絡帳記入／ゴミ捨て」「帰宅後…お湯を沸かしてポットに／離乳食おかずキューブ4個を解凍／晩ご飯用ミルクをセット」などと、具体的に何時までに何をセットするかをマニュアル化しました。このことにより、夫とスムーズに家事分担ができるようになりました。

「好きを仕事に」するための朝活イベントの作り方

不労所得で大きく稼ぐことを目指さないまでも、自分がコツコツ続けてきた趣味を発信することで世の役に立ちたい人も多いはずです。その場合、ＳＮＳで発信したり、小さな会を企画してみる準備をするのも「種まき」のひとつです。

ＳＮＳで趣味の作品を発信したり、興味をもってくれそうな友人知人に声をかけたりして、まずは無料でもいいので反応を見る目的で会を開催してみることをおすすめします。いまはTwitter／ブログ／ＳＮＳなどで、「集まりましょう！」と声をかければ、すぐに集まることができる時代です。最初は友人を誘いあうところからのスタートでもＯＫですので、イベントを開催する垣根は昔よりずっと低くなっています。

特に参加者の時間の都合がつけやすい「朝活」を定期的に主催するのはおすすめです。夜は予定が見えない人も、朝なら自分さえ早起きすれば開催できますし、始業時間が決まっているためダラダラ開催することもなく、習慣化させやすいです。主催というと大げさに聞こえるかもしれませんが、発起人になって友人や仲間を誘ってみる、という気軽なイメージで始めてみましょう。

ポイントは、ネタ切れしない形式を選ぶことです。

たとえばあなたが勉強して得たお金関連の資格を活かして「お金に対する知識を深める勉強会」を開こう！　と考えたとき、教科書に載っているような内容を開催したとすると、教科書の知識の提供が終わるとすぐに朝活が終了してしまいます。あなたの経験を活かして教えたいのであれば、お金に関わる読書会やニュースを報告する会を開き、あなたならではの視点で議論する場をつくるとネタ切れしません。本は毎日出版されつづけていますし、ニュースも日々生まれるので「次はどうしようかな？」と悩む時間も短縮されます。

私も「早朝グルメの会」というレストランでおいしい朝食を食べる会を10年以上主宰していますが、朝食営業のレストランはなくならないのでずっと続けることができます。

「自分テストマーケティング」を始めよう

いまの職場は嫌だ、自分らしくない気がする、もっと自由に働きたい……。そういう気持ちから、職場以外の「第三の場」をつくりたい人も多いかもしれません。

そのとき考えてほしいのは、自分にとっての「自由」とは何か、「自分らしい」とは何かといったような価値観をきちんと言語化できているか？　ということです。

なぜなら、「仕事が遊びで、遊びが仕事」の状態にするためには、自分が何を必要としているかをしっかり把握し、優先順位をつけて取捨選択することが必要だからです。

いまの会社には「自由」がない、そう考えると思考停止になりますが、一人ではとうてい成し遂げられない成果でも、会社という組織なら大きな権限と予算を与えられることで実現できる。そう考えると、実は会社にも「自由」が眠っていることが分かります。

自分にとっての「自由」を見つけるために、何が好きで、何が嫌いかという価値観を過去の行動から探るのも立派な「種まき」です。

多くの人は、自己分析を就職活動や転職のときに面接官にアピールする材料として表面的に終わらせてしまっていますが、自分のためにも定期的に、徹底的に行う必要があるのです。自己分析をしっかり終わらせずに人生をやり過ごすと、毎回同じピンチに直面したり、本当に必要な学びを無視して別な勉強に時間を費やしたりして学びを成果につなげるのが難しくなるからです。

ではどうすればいいか。外に目を向けて比べて焦るのをいったんやめ、自分の中にある資産を見つめていくことを提案します。具体的には保育園・幼稚園・小学校・中学校・高校……と、**区切りごとに「三大うれしかったこと」「三大悲しかったこと」として、どうしてうれしかったのか？　どうして悲しかったのか？　を書き出すと効果的**です。過去を振り返り、寝食を忘れて没頭して遊んだ原体験や、昔からどんなことに憤りを感じていたかを思い出してみましょう。

徹底的に自分の棚卸しを進めると、「私は人や物や事をつなげるのが好きなんだな」「ナンバーワンになるというより、ナンバーワンの人を陰で支える参謀役だと能力を発揮しやすいな」「商人というより職人気質だな」「チームプレーよりも一人で黙々と目標達成するのが好きなんだな」といったように、自分のキャリアや好きの方向性が見えてきます。ここまでは自分の「キャリアの方向性」の仮説です。まだ仮説段階なので、いきなりそのキャリアや好きの方向性に転職や異動をしようと動くのはおすすめしません。まずはキャリアの方向性をいまの環境を使って小さく試していきましょう。

前述の例でいうと、「参謀気質」「何かをつなげる」「職人が生きる」「一人で黙々」というキーワードを生かした仕事ができないかを、いまの環境で試してみましょう。会社で見つからない場合は所属する会社以外のコミュニティや、仕事で培った知識を無償で提供する「プロボノ」活動などで、自分の「新キャラ」として試すのもおすすめです。ブログやSNSで発信していくこともいいでしょう。

これが「自分をテストマーケティング」するということです。自分の軸の方向性を仮定めして、小さく試して、調整するというやり方で、自分の「好き」や自分が大切にしている価値観が世の中に通用するのか、やっていて楽しいかを実験していきましょう。

「おせっかい」を「種まき」にする方法

自分の強みを棚卸しして来たるべき副業解禁時代に備えたいときおすすめの種まきは、「ついついダメだししたくなること、勝手におせっかいしたくなることを文章化してみる」です。

実は、「もどかしい」「イライラする」「私だったらうまくできる」と思うことに、あなただけが解決できる問題や専門性が隠れていることが多いのです。朝の30分を使い、ついついダメだししたくなること、勝手におせっかいしたくなることを文章化してみましょう。

たとえば私の場合、長年プレゼン資料作成の仕事をしていたので、電車に乗っている最中も車内広告や雑誌広告などをプレゼン視点でついつい見てしまうクセがあります。長すぎたりまとまっていなかったりする文章や、落ち着かない配色、デザインなどを自分の頭の中で勝手に直してスッキリするのです。このように勝手についついやってしまうこと、「もったいない！」「残念！」とイライラしたりすることに、あなたが「ワーク&セカンドジョブ」を実現するためのヒントがあります。

・残念と思った出来事
・なぜ残念と思ったのかを、自分の専門的な知識から説明
・Before → Afterでどう変えればスッキリするか

などを、まず文章化してみると、ＳＮＳやブログに発信するネタができ上がります。
これなら機密保持についての心配は少ないですよね。

たとえば美容やメークに詳しくて専門知識豊富な人なら、街を歩く人の眉毛をついつい見てしまう、という人もいるかもしれません。この顔形にはこの眉毛の形のほうが絶対合うのに！　変な形でソンしていてもったいない！　といった、残念に思う気持ち、もっとこうしたらいいのに！　という気持ちを文章にぶつけてみると、それがそのままあなたらしい切り口になるのです。

この前、元編集者の知人から聞き、その視点は「ならでは」で面白い！と思ったのは、美術館の説明文がいつも分かりにくいという不満でした。分かりにくい説明文を読むためにお客さんが絵の前で長時間立ち止まってしまい、美術館も混んでしまっていいことがない。分かりやすい見出しやまとめる能力があったら、もっと美術館も楽しくなるのに！という考えに、彼女「ならでは」のプロとしての視点があると思いました。

専門的な知識なら、教科書がいちばん詳しいのは当然のことです。教科書と比べたら絶対に知識の数や完全さでは負けてしまいます。

「ワーク&セカンドジョブ」を実現することは、完璧な知識を相手に伝えるということではありません。あなたから見て、残念な状態、理想の状態があって、あなたの知識や経験で、何をどのように変えることができるかの「ものの見方」「視点」が商品になっていくのです。「朝1時間」を、こんなアイデア出しから始められたら、始業後もワクワクできると思いませんか？

経験は商品として加工する

「自分の経験を本にしたい、教えたい、コンテンツ化したい」という希望も「種まき」です。会社員で得たスキルでプロとして、活躍できたら嬉しいですよね。商業出版や映像化が可能になると、印税という不労所得も生まれるので「ワーク&インベスト」的な働き方もできるようになるかもしれません。「朝1時間」であなたの知識を一般化することにチャレンジしてみてください。

あなたの知識を一般化して、体系化するためのステップは、次の3つです。

1. 自分の経験を洗いざらい思い出す（仕事プライベート含めて）
2. 自分の経験でほかの人の「困った」を解決できないかを考える
3. コンセプトを考え、周囲に反応を聞く

順番に説明しましょう。

1. 自分の経験を洗いざらい思い出す（仕事もプライベート含めて）

成功体験はもちろんのこと、失敗体験や反省点、いまの自分が過去を振り返って「こうしておけばよかったのに」といったようなことを詳しく書き出してみましょう。

ポイントは、仕事の経験だけでなく、プライベートでの経験も振り返ることです。なぜなら、仕事で成果をあげた一因に、あなたのプライベートでの気質がかかわっていたりすることが多く、仕事とプライベートは切っても切れない関係だからです。「仕事だから」「プライベートだから」と思考を分断させてしまうと、その分発想もしぼんでしまいますので自由に思い出してみましょう。

2. 自分の経験でほかの人の「困った」を解決できないかを考える

こんな人が、こういう悩みで苦しんでいないかな？　それを私の経験で助けることができないかな？　ということを箇条書きにします。

私がプロデュースしている朝専用手帳『朝活手帳』（ディスカヴァー・トゥエンティワン）の例でいうと、

- 早起きしたいのにできない
- 自分の自由な時間を作りたいのにできない
- 早起きや習慣化の本を読んでやる気になるけれど、やる気が3日以上続かない
- 早起きができないと自己嫌悪に陥ってしまう

といった悩みを、「図解で整理できる」「テンプレートに落とし込める」「ネガティブな思い込みをポジティブに変えられる」という自分のスキルを活用して手帳化することで解決できないか？　と考えました。

3. コンセプトを考え、周囲に反応を聞く

朝活手帳の場合は「早起きしたいけどできない」を仕組みで解決できる「朝専用手帳」＝「朝活手帳」というコンセプトで企画書を作成し、出版社に提案したところ採用になりました。朝活手帳のコンセプトは2011年の発売当時、ツイッターで発信したとこ

ろ多くの反響をいただき、最初の『朝活手帳２０１１』は、刷り部数が店頭から全くなくなるほど売れ、翌年3月に出版社としては異例の対応として『朝活手帳 日付フリー式』を発売することになりました。それから10年連続で支持されています。

本当の「働き方改革」はルールを疑うところから

「ワーク&ワーク」「ワーク&セカンドジョブ」「ワーク&プライベート」「ワーク&インベスト」いずれの志向でも、いまある仕事のムリムダムラを見つけて、作業効率を上げることは共通の課題です。「朝1時間」の「種まき」として、会社内の「ルールだから」「そういうことになっている」を疑ってみるのもいい時間の使い方です。

先日、とある企業の事業部長に対し提案プレゼンをする会に立ち会いました。発表者は管理職候補の女性十数人。彼女たちには、私が事前にプレゼンの設計方法、アイデアを伝えるためのデータの集め方などを個別指導し、1ヶ月後、自らが企画したアイデアを一人10分で事業部長に向け提案する、というトレーニングでした。

発表者の皆さんの意見は皆、よくまとまっておりそつがないものでした。しかし、そつがない分、残念なことに面白みに欠けたものもいくつかありました。「事前に個別の打ち合わせをしたときに出たアイデアはワクワクするようなものだったのに、どうしてこうなってしまったのだろう？」と不思議に思い、あとで事情を聞いてみると、「自分のアイデアを説得力あるものにするために必要なデータを見つけることができなかったからあきらめて、データを集められる内容でプレゼンした」という声が何人かから聞こえてきました。

社外の公式プレゼンの場合は、「まだまとまっていませんが」と言って、中途半端なプレゼンをすることはもちろんＮＧです。しかし、今回はアイデアの発表を目的とした会でした。私は、データが仮にまだ集められなくても、ワクワクするほうでプレゼンしてほしいと思っていました。「このデータはまだ見つかっていませんが、私はこのアイデアがいいと思います！」と言い切るくらいの勢いが欲しかったのです。「残念だな」という気持ちがぬぐいきれませんでした。

とはいえ、そこまで詳細に彼女たちへの期待を伝えていなかったのは私です。説得するにはデータが重要という話を私が強調したということもあり、自分の至らなさを反省した出来事でした。

「ルールだから」の一言には、思考停止を招く甘い誘惑が混じります。何も考えずにルールに従っておけば、とりあえず誰からも注意されることもなく、楽だからです。

しかし、「本当はこうしたいアイデアがあるのに、ルールに則ってプレゼン資料を作るとうまくいかないから、ルール通りにできる次善のアイデアに変更する」ことは、社内プレゼン本来の目的からずれていきます。自分が信じるアイデアを消してしまったからです。つまり、目的と手段がいつの間にか入れ替わっているのです。

「ルールだから」

「そういうことになっている」

と、ルールを絶対に変えられないものとして物事を進めようとする自分に気づいたら
「そもそも何のためのルールなのか？」を立ち止まって考えてみてください。

ルールを守ることに一生懸命になりすぎると、思考の枠にかっちりとはまってしまって、そこから抜け出せなくなってしまいます。変更可能なルールを「変えられない」と思い込むことで、のびのびしたアイデアをしぼませないようにしましょう。

あなたが感じたワクワクを、前例がないからとか、ルールに即していないからと言って、どうかあきらめないでください。自分がやりたいことを躊躇なく提案し、未来を現実のものにする第一歩が、今回お伝えした、「朝1時間」を使ったモーニングルーティンなのです。

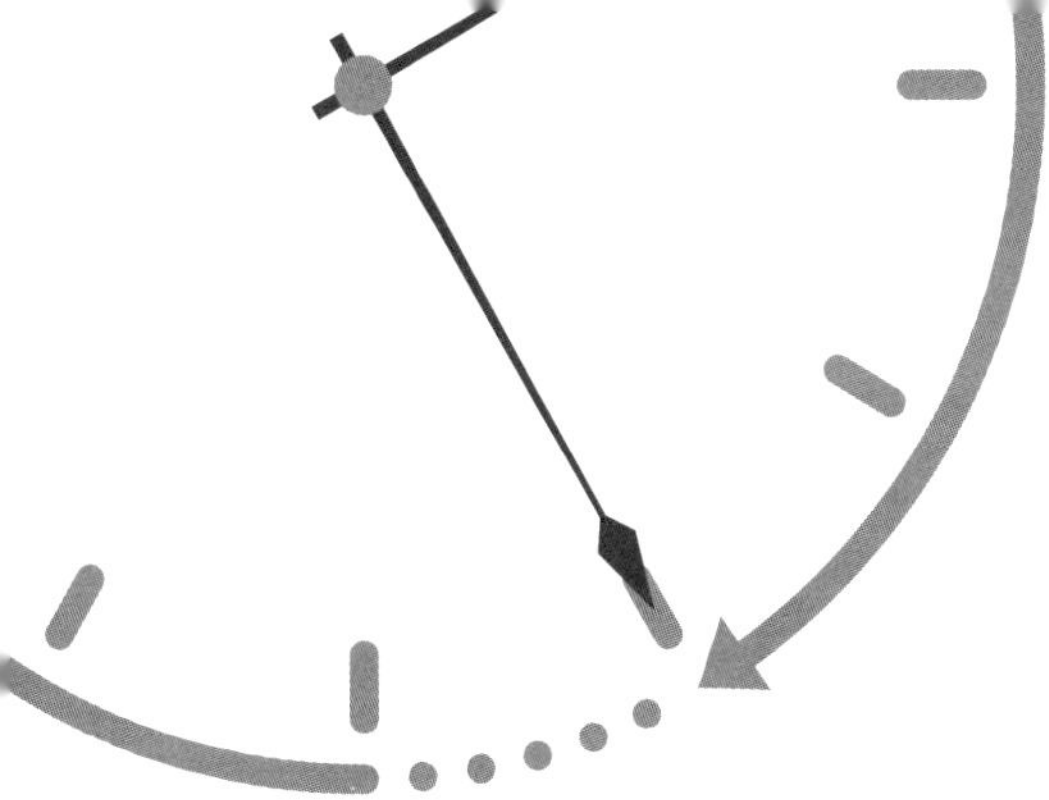

Plusα contents

忙しくても「朝1時間」を作る「START UP」の法則

早起きの心がまえ

ここまで、「朝1時間」のタスク分けで人生を変える方法を紹介してきました。でもそもそも、朝起きるのが苦手、「朝1時間」を捻出できない！　という方もいるでしょう。そこで、「朝1時間」の生み出し方について紹介します。

早起きが成功したりしなかったりと安定しない人は、この章を実践することで生活時間の朝シフトが実現できるようになります。

「早起き」は目的ではなく手段

今年こそ早起きしたい！　と毎年思って続かない方がよくはまる思い込みは「早起きするには強烈な意志や強い決意が必要だ」「やろうと思ったことができない自分はダメだ。もっと頑張らなければ」というものです。

運動や勉強、または何かの習慣を「意志」や「やる気」だけで継続できる人は、たったの2％だと、行動科学の専門家から以前聞いたことがあります。やる気を出して頑張ろう！　というのは一瞬しか続かないもの。だからこそ、**「やる気」をいかに「仕組み」として生活に組み込むかが大切**になってきます。

また、もう一つお伝えしたいのは**「睡眠時間は削らない」**と決心してくださいということです。「早起きするには睡眠時間を削らなければいけない」というのは間違いです。先日「毎日睡眠時間が4時間しかないけど、もっと早起きしたい」という方がいらして、あぜんとしました。

睡眠時間を削って、ぼーっとした頭で1日を無駄にすることこそ優先順位づけの間違いです。睡眠時間を削るのではなく、「生活時間の朝シフト」をする、と考えましょう。

私はよく**「早起き国に留学したと思ってください」**とお伝えしています。「時差1時間の外国に来た」と思って朝型生活をスタートさせましょう。

早起きが目的化してしまうのは、自分の「志向」についての理解がちぐはぐだからです。自分がどの「志向」なのかにより、削るべきもの、譲れないものが変わってくるのでおのずと時間の使い方も変わります。いろいろ試したけれど「やっぱり私は夜のほうが心が落ちつく」なら、夜ゆったりした時間を作るために、朝を家事の仕込みの時間にすることを「種まき」としても全く問題ありません。

一例として、夜ゆったりしたい派の「ワーク&ワーク」志向、35歳共働きワーママのスケジュールを紹介しましょう。3歳6ヶ月の娘と1歳8ヶ月の息子を育てています。彼女は仕事で成果を出すことが大きな目的で、次のような基準で取捨選択しています。

「夜のひとり時間」で心を落ち着けて就寝したいので、朝は夜の家事をスムーズにこ

35歳、3歳6ヶ月の娘と1歳8ヶ月の息子を育てる共働きワーママの例（朝6時起床、24時就寝）

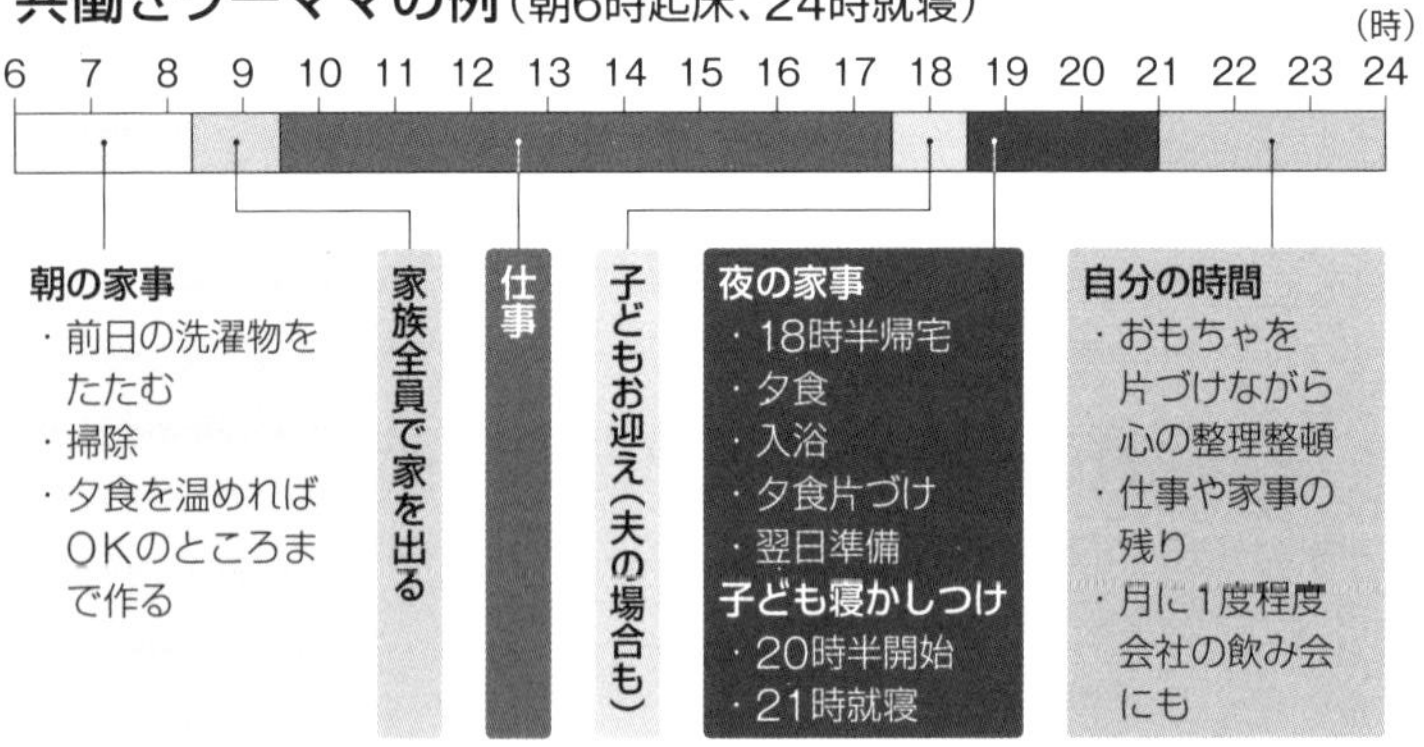

なすための「仕込み」を「種まき」と位置づけている

- 朝のうちに洗濯物をたたむ、簡単な掃除、夕食を温めるだけでOKにしておく
- 電車での移動時間で夜のひとり時間を犠牲にするより、多少家賃が高くても職場の近くに住み時間短縮したいと引っ越す
- 仕事や家事などが21時以降にずれこんだ場合「残業扱い」として家事にも締め切り意識を持つ
- いまの段階での子育ての最優先は「食事」と「睡眠」と割り切る。部屋が少し散らかっていても食事さえきちんと食べてよく寝ていれば健康に育つと考え、あまりにも忙しいときは掃除を後回しにすることも

このように、何を目的とするかにより取捨選択が明確になり、迷いもなくなります。迷いがないと行動も早くなりますので、より時間を作ることができるようになります。

ショートスリーパーを目指すのは愚の骨頂

前述のように**朝活は睡眠時間を削ることではなく、生活時間の朝シフト**です。

そして、ショートスリーパーを目指すのは間違いだということは、研究でも解明されつつあります。「Webナショジオ」によると、神経科学の専門誌「ニューロン」の19年9月号で、短時間睡眠でも眠くならない、いわゆるショートスリーパー遺伝子が見つかったことが発表されたそうです（出所：短時間睡眠でも眠くならない遺伝子変異を発見 https://style.nikkei.com/article/DGXMZO54508360X10C20A1000000）。

それによると、ADRB1と呼ばれる遺伝子の塩基に突然変異が生じると睡眠時間に変化が起こるそうなのですが、発生頻度は10万人当たり約4人とかなりまれとのこと。この発見は、ショートスリーパーに訓練や努力でなろうとするのは時間のムダだということの表れでしょう。睡眠時間を減らして生産性や集中力が下がっては本末転倒です。

環境を整える「START UP」の法則

実際に生活時間を朝にシフトし、「朝1時間」を作るためには、朝活の「START UP」を実践してみてください。

朝活の「START UP」とは、次の4つのステップを順番に行うことです。

1. Sleep（寝る）：最適な睡眠時間を確保する
2. TARget（定める）：志向別に種まきを設定する
3. Time（時間）：種まき時間を作るために朝の用事を自動化する
4. Back UP（バックアップ）：失敗しても凹まないようにバックアッププランを立てる

朝活のSTART UP 1

「Sleep（寝る）」：最適な睡眠時間を確保する

睡眠時間を短くすることは不可能でも、自分の適性睡眠時間を知り、睡眠時間を自分に最適な形に調整することは可能です。

私は10年以上、「早起きしたいのにできない」という悩みに寄り添ってきましたが、「何時間睡眠だと、自分のパフォーマンスはどう変わるか」についてきちんと把握している人が少ないのが現状です。

個人差、年齢、日中の活動度、体調などで大きく変化する睡眠時間なのに、メディアの言葉や「なんとなくそう思う」という感覚に影響されて決めつけてはいないでしょうか。心あたりがある場合は、いったん自分の最適な睡眠時間を体調などを見ながら検証してみることをおすすめします。

たとえばダイエットでも、同じ摂取カロリーでも太る人、そうでない人がいるように、睡眠時間も人によって様々です。まずは自分に合う睡眠時間はどのくらいなのか、最低何時間眠れば何とか次の日まで持つのか、何時間以上寝てしまうと寝すぎなのか、という自分に対してのデータを積極的に取っていきましょう。具体的には次のような方法で自分が何時間寝るとどんな状態になるかを探ってみてください。

具体的には、90分×（4or5）＋αの計算式で1週間、自分の適性睡眠ラインを測

ってみることをおすすめします。手順は次の3つです。

①レム睡眠・ノンレム睡眠のパターンを把握する

最初の1週間は、90分単位＋寝入りの時間（人によりますが、大体30分前後）で睡眠時間を増減させて、自分が最も集中力を維持でき、意識がもうろうとしてこないギリギリのライン（＝適正睡眠ライン）を探ります。たとえば、7時間半睡眠＋αを月・火・水曜、6時間睡眠＋αを木・金・土曜、残り一日は自分の体調と相談して調整してみましょう。

②適正睡眠ラインから睡眠時間を増減して調整してみる

①で分かった適正睡眠ラインを元に、少しずつ睡眠時間を増減させて自分の最適睡眠ラインと超過睡眠ラインを設定します。

③ログを取り、睡眠時間と日中のパフォーマンスの関連を探る

調整期間中はログを取ってください。「自分の感覚がどうなるのか」「午後はどれくらい眠くなるのか」といった部分に意識して記録をつけてみると、自分に最適な睡眠時間が分かってきます。

　なお、「朝活手帳」には、睡眠時間、起床時間での体調の変化を5段階に分けて記入する欄があるので活用してみるのも手です。

　ちなみに私の場合、7時間より睡眠時間が短くなってしまうと14時ごろ眠くなることが分かっているので、やむを得ず5時間や6時間睡眠になったときはランチを控えめにしてお昼の眠気に備えたり、コーヒーを飲んでから短時間昼寝したりして工夫するようにしています（体験上、コーヒーを飲んでから15分程度昼寝するとちょうどカフェインが効くころ目覚めます。スッキリできるのでおすすめです）。

　ちなみに、適正な睡眠時間、起床時間はライフステージや志向の変化により変動するもので、一

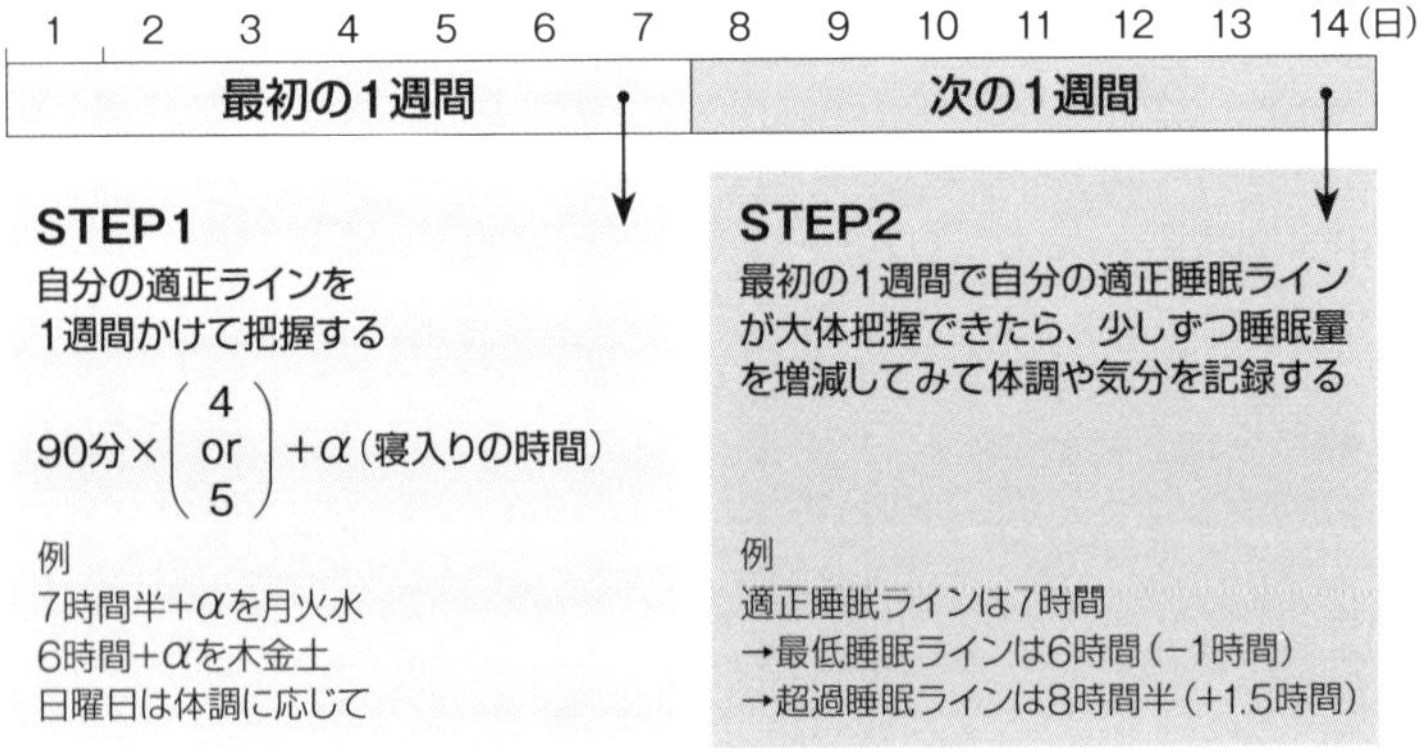

1 2 3 4 5 6 7 8 9 10 11 12 13 14（日）
最初の1週間
次の1週間
STEP1
自分の適正ラインを
1週間かけて把握する
90分×（4 or 5）＋α（寝入りの時間）
例
7時間半＋αを月火水
6時間＋αを木金土
日曜日は体調に応じて
STEP2
最初の1週間で自分の適正睡眠ラインが大体把握できたら、少しずつ睡眠量を増減してみて体調や気分を記録する
例
適正睡眠ラインは7時間
→最低睡眠ラインは6時間（−1時間）
→超過睡眠ラインは8時間半（＋1.5時間）

度決めて終わりではありません。

私の場合は、ライフステージの変化に応じて睡眠時間、起床時間を変えています。

早起きに目覚め受験勉強をしていた19歳のころ
↓22時就寝、朝5時半起きの7時間半睡眠

早起き生活を復活させた24歳ごろ
↓23時就寝、朝5時半起きの6時間半睡眠

30歳ごろから、40歳で妊娠するまで
↓23時就寝、朝4時起きの5時間睡眠

妊娠中
↓21時就寝、朝4時〜5時起きの7〜8時間睡眠（妊娠中は眠いので睡眠時間は増加）

子どもが生まれてすぐのころ
↓20時半就寝、朝4時起きの7時間半睡眠（子どもが生まれたての時期はどうしても細切れ睡眠になるので、実質は6時間睡眠くらいの感覚）

子どもが4歳の現在

⬇21時～22時就寝、（子どもの寝つきや夜中の覚醒度合いによる）朝4時～5時起きの7時間睡眠

私は、いまも小さい子どもを育てながら試行錯誤中です。子どもは成長とともに生活パターンがどんどん変わるので、やっと定着した習慣が通用しなくなるのも早いです。それでも、「自分は何時間寝ればこうなる」のパターンさえ把握していれば日々の変化も怖くないですし、変化を楽しめるようになります。まずは今回紹介した方法で、自分に対するデータを積極的に集めるようにしてみてください。

朝活のSTART UP 2

「TARget（定める）」：志向別に種まきを設定する

「なんとなく人生が変わりそうだから」とか「とりあえず朝型になったほうがいいから」という理由だけで朝活を始めると続きません。どんな状態になれば「成功」かを計測可能な「数字」で、「具体的」に定義づけした上で朝の時間割を立てると続けられます（私はこれを**「すぐの法則」**と名づけています。※す＝数字で、ぐ＝具体的に）。「すぐの法

則」で成功を定義すると1日サボっただけで「まあいいか」「もうやめた」となるのを防ぐことができます。成功を定義した上で「種まき」の時間を作っていきましょう。

目標は細かすぎると手段と目的が混在しやすく、大ざっぱすぎると前に進んでいる感じがしないので「大目標」「小目標」に分けることをおすすめします。手段と目的を混在させそうになったら、いつでもこの定義に立ち返っていけるよう、手帳などの目につきやすいところに記入しましょう。

ワーク&ワーク志向でいまの会社で出世を目指す場合

【大目標】
来年の3月の人事考査で最高評価をもらうことが自分にとっての「種まき」だ
【小目標】
会社の売上げアップに貢献できる企画を1週間に5個、始業前にアイデア出しできたら自分にとっての「種まき」だ

ワーク&プライベート志向で趣味のマラソンをもっと極めたい場合

【大目標】

来年2月に初参加するフルマラソンで完走することが自分にとっての「種まき」だ

【小目標】

週に3回、朝の時間で近所を5㎞ランニングできれば自分にとっての「種まき」だ

ワーク&セカンドジョブ志向で副業を目指す場合

【大目標】

来年の4月までにやりがいにつながって、収入もアップする副業を見つけ、スタートさせることが自分にとっての「種まき」だ

【小目標】

会社で成果を出しながら、楽しく副業をしている人の例を1週間に1人見つけ、始業前に調べることができたら自分にとっての「種まき」だ

ワーク&インベスト志向で給料のほかに不労所得を目指す場合

【大目標】

3年以内に、給与収入＋15万円の不労所得を得ることが自分にとっての「種まき」だ

【小目標】

実際に似た条件で成功している人がいるかどうかの事例を不動産、株、知的財産の分野から1週間にひとり探して本を読んでみることが自分にとっての「種まき」だ

朝活のSTART UP 3

「Time（時間）」：朝の用事を自動化する

「種まき」のための「朝1時間」を確保するため、それ以外のあまり時間をかけたくない部分に関しては、前もって流れを決めておくと朝の忙しさも苦になりません。ストレスなくこなせるよう、ざっくりでかまわないので朝の動きを自動化していきましょう。そうすることで、気分に流されて「今日はまあ、いいか」と「やらない理由」を探してしまいがちな自分を律することができます。

早起きは習慣化するまでが苦行のため、余計「まあいいか」の罠にはまりやすくなります。新しい習慣を定着させるには大体10日〜2週間かかります。ですが、習慣になっ

ていたら、顔を洗おう！　歯を磨こう！　と決心しなくても、朝起きたら、自動的に同じ行動を繰り返しますよね。それと同じで、何も考えずに体が動く状態を目指し、早起きしてするべきことのパターンを前もって決めておくと、起きたときの眠気に流されることもなくなります。普段、意識していない朝食準備や朝の支度なども、こういうときはこうする、というルールをきちんと作っておくことで「判断疲れ」がなくなります。

慣れてくると、歯磨きをしないと気持ち悪いと思うのと同様、同じパターンで動かないことに違和感を感じるようになります。こうなったらしめたもの。あとは淡々とスケジュールにそって動くだけです。もちろん最初は試行錯誤があるかと思いますが、最適なパターンが分かったら、いかにそのパターンを粛々と進めるかに注力しましょう。

具体的には「朝1時間」を「種まき」に充てられるよう、迷いなく朝の支度を進めることができるように、さまざまなことをマイルール化していきます。前述の志向別大目標・小目標に沿った一例を挙げますので参考にしつつ、自分なりのマイルールを決めてみてください。

■ワーク&ワーク志向

一刻も早く仕事の準備に取りかかることができるよう、毎週曜日ごとに服装を決めてしまう、朝食は前日の食事を温めるだけにしておく、始発電車で絶対に座れる時間に出発する、帰ってから即寝できるように洗濯も朝のうちにしておくなどして時短

■ワーク&プライベート志向で、ランニングが趣味

毎週日曜に1週間の天気予報を確認し、週3回、何曜日に外を走るかを決める。朝起きてすぐにランニングに出られるように、枕元にランウェアを準備しておく。戻ってきてすぐにシャワー&着替えができるようお風呂に洋服を準備しておく

■ワーク&セカンドジョブ志向

視野を広げられるよう、異業種や年齢、立場が違う人たちが集まる朝活イベントに1ヶ月に一度参加。週に一度は朝活ランニングや瞑想など、ひとりで黙々とアイデアを熟成させる。残りの時間はそこで得た知見をまとめて会社に流用できないか考える

■ワーク&インベスト志向

時間とお金からの自由を実現するために残業せずにいま以上の生産性を上げる準備を始める。最初の30分は生産性に関する本を読んだり仕事を振り返ったりして、実際に現場で働き方改革を実践する準備をする。後半30分は不動産投資や株など本業以外の副収入を得るための勉強を進める

朝活のSTART UP 4

「backUP（バックアップ）」：バックアッププランを立てる

何事も、往々にして計画通りにはいかないものです。自分にとって最高の、理想のスケジュールをひとつだけ作ってしまうと、うまくいかなかったときに落ち込んで朝活を続ける気をなくしてしまいます。

そこで、スケジュール通りいかなかったときのバックアッププランを立てていきましょう。特に時間が読めない仕事をしていたり、繁忙期とそうでないときの差が激しかったりする職業の場合はバックアッププランをいかに立てるかがキモです。

バックアッププランを作っておくと、理想のパターンは実践できなくても、第2、第3のプランは実行できた！　と、意識が切り替わり、朝活のモチベーションが続きます。

そのためには、「朝活松竹梅」を設定し、パターンごとに朝することを決めておくのがおすすめです。

たとえば私の場合は、次のような**「朝活松竹梅」**を設定し、パターンごとに朝することを決めています。

松：朝4時起きできて、子どもは6時まで寝ている（朝イチの自分の時間が2時間）

竹：朝5時起きで、子どもは6時まで寝ている（朝イチの自分の時間が1時間）

梅：子どもと同時に6時起き、または子どもも朝4時起き（朝イチの自分の時間がゼロ）

さらに、パターン別にできることをピックアップしておきます。

松のときにできること

アマゾンプライムビデオやNetflixを見ながら腹筋・スクワット、化粧、朝活手帳で今後の準備

竹のときにできること

アマゾンプライムビデオやNetflixを見ながら腹筋・スクワット、化粧

梅のときにできること

息子の朝食や保育園準備

このように「こんな場合はこうする」を前もって決めておけば、「やろうと思ったのにできなかった」と自分の意志の弱さを嘆くことはなくなります。

繁忙期とそうでないときのプランを考えておくのもおすすめします。

「繁忙期だから朝活できない」と考えてしまうとモチベーションは下がりますが、「繁忙期のスケジュールはこうする」と最初から決めておけば、決めた計画を淡々と進めるだけなので気持ちも落ちつきます。夏期・冬期で分けるのもおすすめです。朝のタスクとして外でランニングするのを予定にした場合は、夏期は気持ちいいですが冬期は寒くて走るモチベーションが下がりがち、ということもあるでしょう。その場合は夏期・冬期別でそれぞれ「朝活松竹梅」を決めてみましょう。

ここまで紹介した「START UP」を実践できれば、時間の使い方に敏感になっているはずです。

その上で余力があれば次の2つの方法で自分の時間の使い方を見直してみると、さらに有効な時間の使い方を実現することができます。

「朝活のSTART UP」のネクストステップ1

理想の時間割をデザインしよう

「自分の時間を増やしたい！」と思ったとき「9時～17時で仕事を終わらせるために、いかにしてムダをなくすか？」「いかに家事を効率化するか？」を工夫するだけだと、「早く動くためには」「同時に物事を進めるためには」といった、スピードアップ方法や効率化の話で終わってしまいます。

もちろんそれらの手法も大切ではあるのですが、スピードアップや効率化で短縮できる時間は限られています。本当は「そもそもなぜ9時～17時で働く必要があるのか？」「本当に自分が集中して働いている時間は何時間なのか？」「7時～10時の3時間で7時間分の成果を出せないか？」「家事は絶対自分がやらないといけないものなのか？ほかの人にお願いしたり、いまより便利な機械で代用したりできないものなのか？」といったところから考え直さないと、自分の本当の望みは見つからないのです。

そこでまず、190〜191ページの図を使って理想の時間割を描いていくと自分が本当は何をしたいのかという「志向」も見えてきます。

「わあ！ これが実現したら、ものすごくうれしいなあ！」と心から思えて、わくわくして思わず動き出したくなってしまうような1日の時間割を作ってみるのです。

ポイントは現状把握から始めないことです。現状把握の前に、**理想の時間割**を作りましょう。そうしないと現状に引っ張られてしまい、本来はこうあるはずだ、という理想まで至らないことが多いからです。「こうしなければ」「こうでなきゃいけない」という外の目でなく、自分が「心地良い」「好き」を優先した自分優先のモードに入るためにはまずこのプロセスが必要です。

理想の時間割なので、「いまの職場は9時〜17時の勤務時間だから」といって、9時から17時まで仕事にする必要はありません。「普段は9時〜21時まで働いているけど、理想は9時〜17時なんだよね」と考えるのではなく、「これが実現できたら毎日最高だ！」

と思う時間割を作ることです。「朝の7時〜10時までの3時間だけ働く」でもかまいません。自由に、好きなようにイメージをまず膨らませてみましょう。

しかし、「自由に」といっても人は習慣の奴隷ですから、最初はついつい、いつものスケジュールを入れてしまいます。「本当は家で快適な状況でリモートワークできたら最高！」と思っていても、つい通勤時間は当たり前のように1時間入れてしまいます。そのクセをあえて取り払うよう意識することがポイントです。

この理想の時間割ですが、作成したからといって明日からすぐに実現できる！という類のものではありません。しかし、「3時間だけ働く」が明日から実現できなくても、「3時間だけ働く」人が本当にいるのか、どうやって実現していったかを調べることなら今日からすぐできます。**「実際は無理だ」という思考を、「理想の働き方の一部は、明日から始められるかもしれない」という思考に徐々に変えていく手段**が、前述の時間割作成です。

理想の時間割を描くと、「Have to」（しなければならないこと）ではなく、「Want」（したいこと）、つまり将来につながる「種まき」が見えてきます。「種まき」が見えれば、あとはその道を進んでいる人を具体的に調べたりすることが可能になるため、実際の行

平日の理想時間

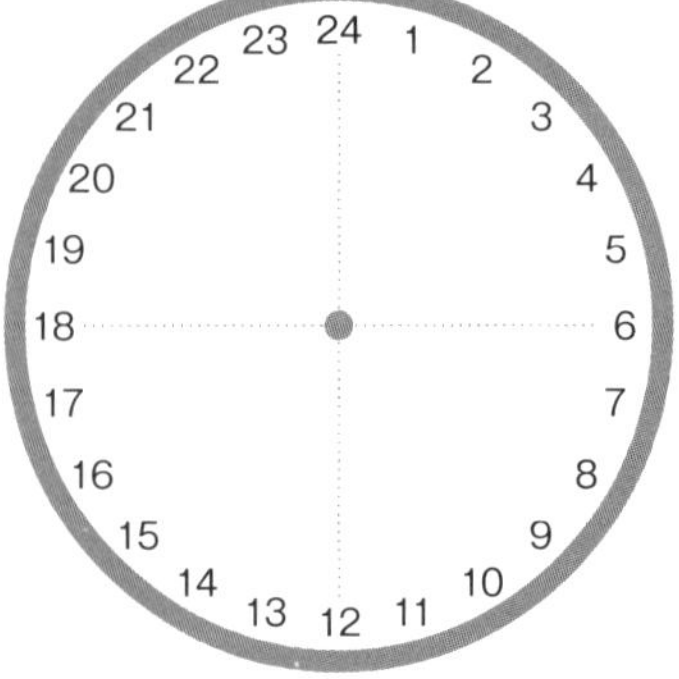

休日の理想時間

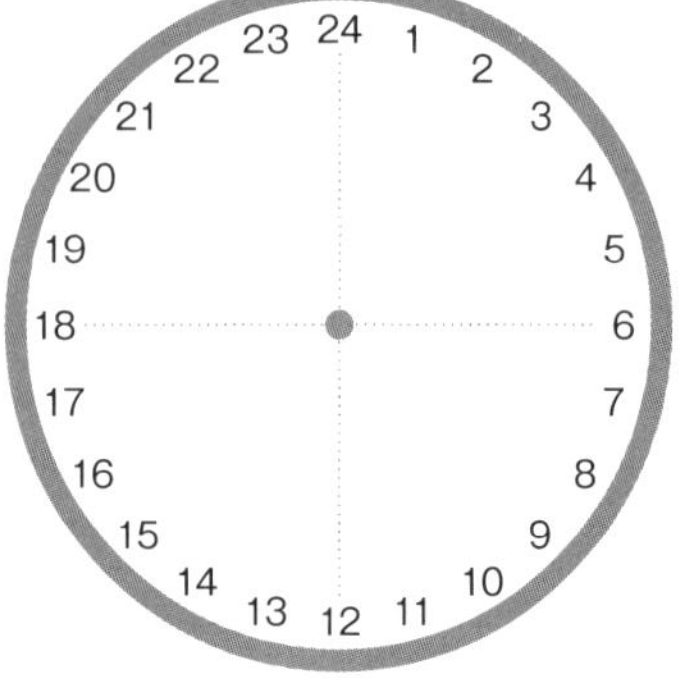

動に落とし込むことができます。

上の図は過去に私が描いた理想の時間割です。この時間割で私は人と会うよりも籠もって黙々と考えたり作業したりすることが好き（Want）だと改めて感じました。いまはほぼ思い描いた通りの時間の使い方を実現できています。

「朝活のSTART UP」のネクストステップ2

現状の時間の使い方を調べよう

理想の時間をデザインした後は、現状どうなっているかを正確に把握していきましょう。ポイントは前項と同様、**「現状把握→理想」の順番でなく、「理想を描く→現状把握」の順番で進める**ことです。逆にするとつい「Have to」に引っ張られてしまうので気をつけましょう。

平日の理想時間

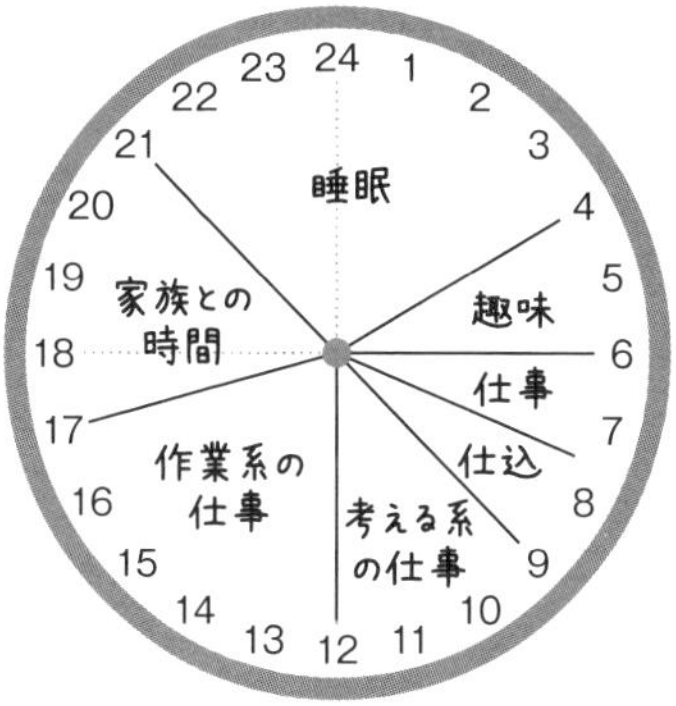

休日の理想時間

方法としては、まず「理想の予定」を立てて、次に実際どうだったかを突き合わせます。予定を立てただけでできた気になる自分と、実際にはできなかった自分。この2つを突き合わせる手段としておすすめなのが、会社で使用しているアウトルックなどの予定管理ソフトに、予定だけではなく実際にやったことまで記入し、「予実管理ツール」として活用することです。

一般的に、会社で使用している予定管理ソフトには

- 10：00〜11：00　定例ミーティング
- 12：00〜13：00　ランチ（Aさん）

といったように、その日の「相手がいる予定」

を入れますよね。

それに加えて、193ページの図のような要領で、自分が何にどのくらい時間をかけたかをその都度追加し、検証してみましょう。

- 9：00～9：15　メールチェック
- 9：15～9：30　Bさんからの電話
- 9：30～10：00　定例ミーティングの課題見直し
- 10：00～11：00　定例ミーティング

（定例ミーティングの内訳）

- 10：00～10：05　議題確認
- 10：05～10：40　今後の議論
- 10：40～11：00　次回の議題設定
- 11：00～11：30　定例ミーティング議事録作成
- 11：30～12：00　見積書作成
- 12：00～13：00　ランチ（Aさん）
- 13：00～13：30　メールチェック

13：30〜16：00　3/1企画会議資料作成

……ここまで読んで「えー面倒臭い！」と思った方が大半かもしれません。

はい、**確かに面倒臭い**です。

でも、1週間だけでいいので我慢してやってみてください。**我慢したなりの効果は保証します**。自分が何にどれだけ時間をかけているか、生産性が高いのか低いのかが一目で分かるようになり、コスト意識も身につきます。1週間も続ければ、かなり作業見積

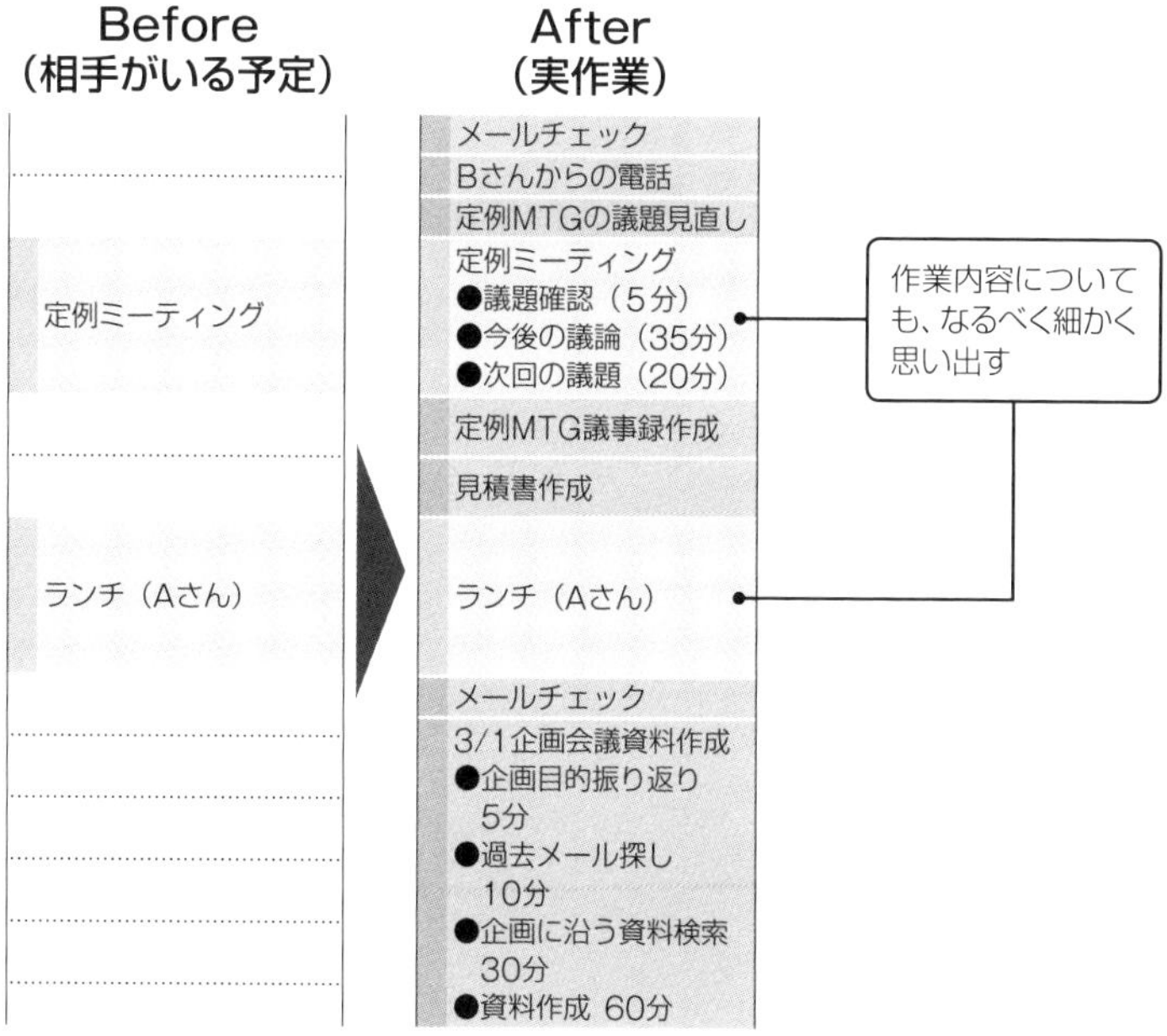

もりが正確にできるようになってきます。この作業はためてしまうとさらに面倒になるので、1週間だけはその都度作業時間を測る！　と覚悟を決めて、ストップウオッチ片手に時間を作ってチャレンジしてみてください。

私たちは普段、なんとなく仕事を進めていて何にどれだけ時間をかけたか無頓着なことが多いものです。スケジュール表に「実際はどうだったか」を書き足すと、予定通りできたか、計画に無理があったかどうかなどを後で振り返り、検証、分析できるようになります。まずは等身大の自分と向き合うことから始めましょう。

どうして自分ひとりでした実作業も書き入れるのか、不思議に思った方もいるかもしれません。しかし、予定は人と共有するものばかりではありません。相手の予定ばかりを共有することを意識して、ついつい「自分との予定」をおろそかにしてしまいがちになっていませんか？

なぜ、自分との約束はついないがしろにしがちなのか。

それは、迷惑を被る人が自分ひとりで済むから。

自分の心が痛むだけで人に迷惑をかけなければいい、と自分の都合をひたすら我慢しつづけていくと、本当は何をしたいのかの判断軸も曇ってしまいます。じっくりと腰を据える余裕がなくなり、人にあたってイライラしてしまいます。忙しい頭では、自分の夢のことなんて考えている状態にはなりません。ついついおろそかにしてしまう自分のための時間を、ほかの人との約束と同様、大事に扱いましょう。

だからこそスケジュール表に「実際はどうだったか」を書き足し、予定通りできたか、計画に無理があったかを後で振り返り、検証、分析できるようにするのです

オススメアプリToggl

とはいえ、作業時間をいちいち把握するのは面倒ですよね。そこでオススメのアプリが「Toggl」です。このアプリを使えば、何にどれだけ時間をかけているかが一目瞭然。作業を始める前に「作業名」「プロジェクト名」を入れ、スタートとストップボタンを押すだけで作業時間を計測できます。このようなツールをうまく使って作業時間や無駄作業を「見える化」し、効率化を図ることで睡眠時間を確保しながら早起き生活を定着

させましょう。

バーチカル手帳でも計測可能

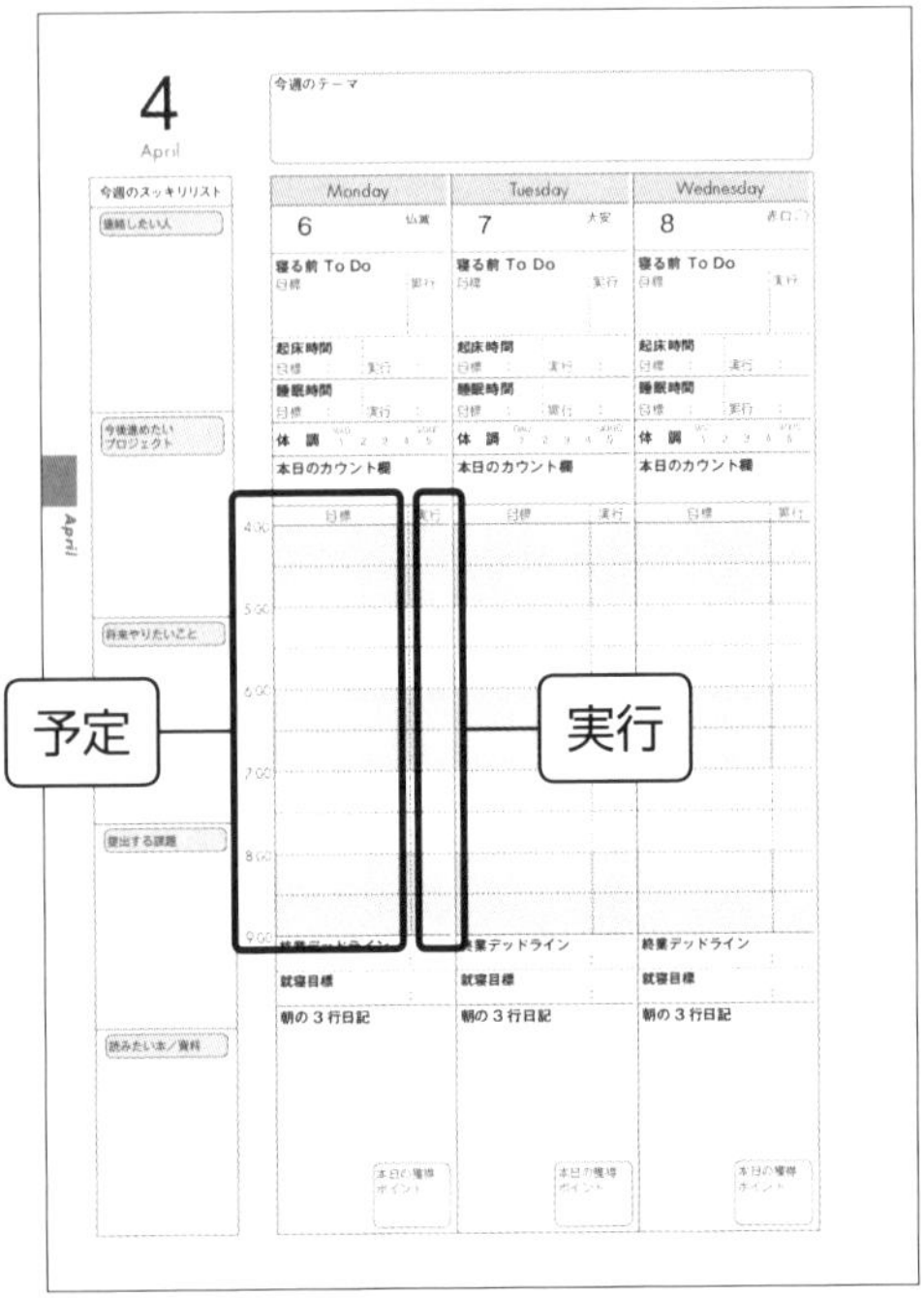

スケジュール管理ソフトを使っていない職場の場合は、バーチカル式の手帳でも代用可能です。ウイークリー一覧の真ん中に、自分で点線を入れます。左に予定を記入、右に実績を記入して、予定通りに進捗できているかをチェックします。予定と実際がどのくらい離れているかが、一覧となってパッと「見える化」できます。私がプロデュースしている

『朝活手帳』も予定と実績を記録できるようになっています。

やってみて、予定と実際にかかった時間に大きな乖離があっても落ち込む必要はありません。

できない自分を見つめることはつらいことです。しかし、まず等身大の自分を客観的に把握しましょう。最初は「自分はもっとできる人だと思っていたのに」と落ち込むかもしれませんが、底を打てばあとは上がるだけ。「どうすればできるようになるか？」の視点を身につけることができるようになります。

困ったときはコレ！早起きの小技5選

繰り返しになりますが、**早起きするためには早く寝て睡眠時間をしっかり確保することが大切**です。「何やら早起きがいいらしい」と、夜更かしをやめないまま無理やり早起きをしてみても、ただつらい、苦しいと思うだけで何の得にもなりません。早起きで睡眠時間を減らし、日中の仕事に支障をきたしては本末転倒。十分な睡眠時間を確保するためには、夜の時間にいろいろと準備しておくことが重要となってきます。つまり、**「朝1時間」を充実させるための秘訣は夜の過ごし方にある**のです。

仕事での残業やつきあい飲み会など、思い通りにいかないことも多いですが、自分次第で工夫できることはたくさんあります。いくつか小技をご紹介しましょう。

マイルストーン作戦

マイルストーンとは、「指標」のこと。入眠時間から逆算し、寝る前に必要な作業を洗い出しましょう。たとえば「23時には絶対に寝る！」と決めたら、遅くても22時までにはお風呂に入らなければ、そのためには21時半には家に着かなければ、というように、「寝る」をゴールに逆算して夜のスケジュールを組みましょう。

入眠スイッチ作戦

スムーズに寝入れるように、リラックスできる環境をつくるための「必殺技」を準備しましょう。たとえば私は、封を開けるとじんわり温かくなるタイプのアイマスクを愛用しています。このアイマスクをつけると、気持ちよくなってとたんに眠りにつくことができます。夏は清涼感を感じるタイプも売っているので試してみてください。

飲み会幹事作戦

飲み会はリラックスした雰囲気の中、周囲とのコミュニケーションを図る上でも欠かせないものです。いくらひとり時間がほしいといっても、つきあいまで制限してしまってはつまらないですよね。そんなときは、自分があえて幹事になるというのも手です。

幹事というと面倒くさい、大変、と思われる方も多いと思いますが、じつは幹事が一番、時間を自由に使えるのです。自分が時間を決める環境を作ってしまい、それに周囲が自然に従ってもらえるように工夫できる環境に自分を置けば、スタート時間も、二次会の有無も、開催場所も決めることができます。開催場所を自宅沿線にしたりなど、自分の都合で決めることができるのは魅力です。

会食はコース料理作戦

飲み会を主催するときの小技をもうひとつ。時間通りに終わらせたいときはコース料理を頼むのがおすすめです。アラカルトだと注文が途切れない限り料理が終わることがありませんが、コース料理は大体2時間程度で料理が出揃いますので、時間が読めないストレスが減りますよ。

休日早朝アポ取り作戦

たまの休日くらいのんびりしたいと、お昼過ぎまで寝てしまう方も多いことでしょう。でも休日に寝すぎるとかえって体の調子が悪くなったり、午後まで寝てしまい、せっかくの休みをムダにした、というちょっとした罪悪感にさいなまれることも。

こうしたムダを防ぐのに有効なのは、週末の朝イチアポです。

美容室や歯科医院など、遅刻したら迷惑がかかってしまうようなアポをあえて朝いちばんに取りましょう。朝から約束をしてしまえば、終わったあとは自由な時間。休日を有効に過ごすことができたという満足感が、月曜からの活力にもつながりますよ。

おわりに
――「朝1時間」で仕事もプライベートも思いのままの人生を！

この本で私が伝えたかったことは、**タスク管理は「やらなければならないこと」を処理するためにあるのではなく、「やりたいこと」を実現するためにある**ということです。忙しい毎日を過ごしていると、自分自身の「したい」がどんどん置き去りになっていきます。「しなければいけない」を一日中めいっぱい詰め込んでしまうせいで、本当に心からやりたいことが後回しになってしまいがちです。

人生で最もつらいのは自分でコントロールできないことに右往左往してしまう「受け身」の状態です。心からの「したい」という選択を自分で決めていないから、いつも中途半端で、モヤモヤしてしまうのです。本来、きちんと分かっているはずの心の声を、忙しさに紛れてないがしろにしてしまっていませんか。さまざまなノイズにかき消されて本心かどうか分からなくなってしまっている状態を整理整頓して、「攻め」の時間を作るのが「朝1時間」の「モーニングルーティン」の本質です。

あなたが「朝1時間」のモーニングルーティンをマスターしたとき、目の前の仕事や経験の一つひとつが「食べていくためにやらなければいけないこと」ではなく、自分の人生をよりよいものに磨き上げるための貴重な経験だと認識が変わります。自分主体で人生をつくっていっていると感じることができれば、他人に時間を奪われているという感覚は消え、人生に責任を持てるようになります。たとえチャレンジの結果がいまはうまくいかなくても、選んだ道を最善にしてやる！と決めて突き進むことができるようになります。

「朝1時間」で自分の価値観を毎日しっかり確認し、人生の優先順位を決めていきましょう。忙しい日々に流され、「まあいいか」「考えても仕方がない」という言い訳を作り、先延ばしにしている部分から目をそらさず見つめる習慣ができれば、日々少しずつ間違った方向に行きそうな自分の軌道を修正して前に進んで行くことができます。

「朝1時間」で人生を変えるための方法論はお伝えしました。あとはいまの自分を武器に換え、物事に取り組んでみるだけです。現状を打破する鍵はあなた自身が持ち合わせているはずです。あなたの意識さえ変われば、改革に取り組む際に起こるであろう挫折や失敗でさえも、あなたがそこからはい上がるプロセスを経て、ますます光り輝くことでしょう。あなたが、「朝1時間」を大切にすることで譲れない価値観を自分の中に取りもどし、心穏やかな毎日を過ごせることを心より祈っています。

２０２０年３月　池田千恵

参考文献

『HARD THINGS』ベン・ホロウィッツ著　日経ＢＰ社

『ファスト&スロー（上・下）あなたの意思はどのように決まるか？』ダニエル・カーネマン著　早川書房

『どんな仕事も「25分＋5分」で結果が出るポモドーロ・テクニック入門』フランチェスコ・シリロ著　ＣＣＣメディアハウス

『完訳　7つの習慣　人格主義の回復』スティーブン・R.コヴィー著　キングベアー出版

『WE ARE LONELY, BUT NOT ALONE. ～現代の孤独と持続可能な経済圏としてのコミュニティ～』佐渡島庸平著　幻冬舎

『フロー体験　喜びの現象学』M. チクセントミハイ著　世界思想社

『壁を打ち破る１００％思考法』松井秀喜著　ＰＨＰ文庫

『ザ・マインドマップ』トニー・ブザン著　ダイヤモンド社

『新版　ずっとやりたかったことを、やりなさい。』ジュリア・キャメロン著　サンマーク出版

『その幸運は偶然ではないんです！』J.D.クランボルツ著　ダイヤモンド社

職場や趣味の場に加えた「第三の場」で
自分の将来を真面目に楽しく語り、
学びたい方にオススメ

朝活コミュニティ「朝キャリ」

自分の志向や得意なもの、好きなもの、やりたいことを「人生年表」より探り、好きや得意を安全安心な場で「先生」として発信し反応を試しつつ、一生続けられるライフワークを見つけることができるコミュニティです。毎週どこでも学べる動画を配信&ワークで直接池田よりフィードバックもあります。オフ会やオンラインイベントも多く開催しています。

メンバーの感想紹介

- 身近な人には相談しづらいような、夢とか野望のようなものをオープンにできることがオススメポイントです（30代 女性 会社員）
- 皆さんの悩みや解決方法がとても参考になります。1人ではないんだと思えます。千恵さんからのコメントもとても励みになります（40代 女性 フリーランス）
- 時には厳しいことも言ってもらえることで、組織のメンバーとしてどうすれば良かったのかを理解することができました。勢いだけの転職を踏みとどまりました（30代 女性 会社員）

詳しくはこちらから！

池田千恵　検索

https://ikedachie.com/course/salon/

池 田 千 恵（いけだ　ちえ）

朝イチ業務改革コンサルタント。二度の大学受験失敗を機に早起きに目覚め、半年の早朝勉強で慶應義塾大学総合政策学部に入学。外食ベンチャー企業、外資系戦略コンサルティング会社を経て、2009年に『「朝4時起き」で、すべてがうまく回りだす！』（マガジンハウス）を刊行。ベストセラーとなり、「朝活の第一人者」と呼ばれるようになる。夜型から朝型に変えた実体験と多くの人の早起き習慣化を指導した実績をもとに、2010年より朝専用手帳『朝活手帳』をプロデュース。10年連続で発売する人気手帳となる。「朝１時間」の業務改革による生産性向上、働き方改革のための手法を企業に指導しているほか、個人に向けてはキャリアに迷ったとき自分の将来を真面目に楽しく語り、学びたい人向けの朝活コミュニティ「朝キャリ」（https://ikedachie.com/course/salon/）を主宰。2020年4月現在4歳となる男児を育てるワーキングマザー。

Twitter、Instagram @ikedachie

「朝《あさ》1時間《じかん》」ですべてが変《か》わる
モーニングルーティン

2020年４月10日　初版発行

著　者　池田千恵 ©C.Ikeda 2020
発行者　杉本淳一

発行所　株式会社 日本実業出版社　東京都新宿区市谷本村町3−29 〒162-0845
大阪市北区西天満６−８−１ 〒530-0047

編集部 ☎03-3268-5651
営業部 ☎03-3268-5161　振　替　00170-1-25349
https://www.njg.co.jp/

印刷・製本／新日本印刷

この本の内容についてのお問合せは、書面かFAX（03－3268－0832）にてお願い致します。
落丁・乱丁本は、送料小社負担にて、お取り替え致します。

ISBN 978-4-534-05774-7　Printed in JAPAN

日本実業出版社の本

最適な「人生のペース」が見つかる 捨てる時間術

若杉アキラ　定価 本体1400円（税別）

仕事、お金、人間関係、片づけ、育児——ムダを手放せば、自由な時間が手に入る！「残業代で生活しない」「SNSを見ない」など時間のミニマル化を実践する70のコツ。

仕事の速い人が 絶対やらない時間の使い方

理央 周　定価 本体1400円（税別）

「仕事をしたつもり」をなくせば残業ゼロでも圧倒的な成果を生み出せる！「なにをやめて、なにをやるべきか」。時間術の達人がNGとOKを対比しながらわかりやすく解説。

「3か月」の使い方で 人生は変わる

佐々木大輔　定価 本体1500円（税別）

Googleでのプロジェクトを成功させ、さらにシェアNo.1クラウド会計ソフトfreeeを開発した「3か月ルール」とは？「本当にやりたいこと」を実現するための時間の使い方。

定価変更の場合はご了承ください。